UN LLAMADO A CELEBRAR

LA RECONCILIACIÓN Y LA EUCARISTÍA

Este libro pertenece a

Jesus Sanchu

OurSundayVisitor

Curriculum Division

Autora
Maureen A. Kelly, M.A.

Nihil Obstat
Mons. Louis R. Piermarini
Imprimatur
✠ Rmo. Robert J. McManus, S.T.D.
Obispo de Worcester
2 de febrero de 2006

The Ad Hoc Committee to Oversee the Use of the Catechism, United States Conference of Catholic Bishops, has found this text, copyright 2007, to be in conformity with the *Catechism of the Catholic Church*; it may be used only as supplemental to other basal catechetical texts.

El Comité Ad Hoc para Supervisar el Uso del Catecismo, de la Conferencia de Obispos Católicos de los Estado Unidos, consideró que este texto, copyright 2007, está en conformidad con el *Catecismo de la Iglesia Católica*; y podrá ser usado únicamente como complementaria otros textos base catequéticos.

The imprimatur is an official declaration that a book or pamphlet is free of doctrinal or moral error. No implication is contained therein that anyone who granted the imprimatur agrees with the contents, opinions, or statements expressed.

El imprimátur es una declaración oficial sobre la falta de errores de carácter doctrinal o moral en un libro o un folleto, lo cual no significa que quien lo otorgue esté de acuerdo con el contenido, las opiniones o los enunciados allí expresados.

Write:
Our Sunday Visitor Curriculum Division
Our Sunday Visitor, Inc.
200 Noll Plaza, Huntington, Indiana 46750

Call to Celebrate is a trademark of Our Sunday Visitor Curriculium Division, Our Sunday Visitor, 200 Noll Plaza, Huntington, Indiana 46750.

Text Credits
For permission to translate/reprint copyrighted material, grateful acknowledgment is made to the following sources:

Michael Balhoff: Lyrics from "Remember Your Love" by Mike Balhoff. Lyrics © 1973, 1978 by Damean Music. Lyrics from "We Praise You" by Mike Balhoff, Darryl Ducote, and Gary Daigle. Lyrics © 1978 by Damean Music.

John Burland: Lyrics from "Come to the Table" by John Burland. Lyrics © 2005 by John Burland. Lyrics from "Coming Back Together" by John Burland. Lyrics © 2000 by John Burland. Lyrics from "Yes Lord I Believe!" by John Burland. Lyrics © 2000 by John Burland. Lyrics from "And With Your Spirit: Songs for Deepening Children's Understanding of the Mass." Our Sunday Visitor Curriculum Division, printed in partnership with Ovation Music Service. Lyrics © 2011 by John Burland.

Catholic Book Publishing Co., New Jersey: "Ave Maria" from *Libro Católico de Oraciones,* edited by Rev. Maurus Fitzgerald, O.F.M. Text copyright © 2003, 1984 by Catholic Book Publishing Co. "Oración al Espíritu Santo" from *Libro Católico de Oraciones,* edited by Rev. Maurus Fitzgerald, O.F.M. Text © 1984 by Catholic Book Publishing Co. Reproduced with permission. All rights reserved. *www.catholicbookpublishing.com.*

Division of Christian Education of the National Council of the Churches of Christ in the U.S.A.: Scripture quotations from the *New Revised Standard Version Bible: Catholic Edition*. Text copyright © 1993 and 1989 by the Division of Christian Education of the National Council of the Churches of Christ in the U.S.A.

Editorial Verbo Divino: Scriptures from the *La Biblia Latinoamerica,* edited by San Pablo – Editorial Verbo Divino. Text copyright © 1998 by Sociedad Bíblica Católica Internacional (SOBICAIN).

GIA Publications, Inc., 7404 S. Mason Ave., Chicago, IL 60638 www.giamusic.com, 800-442-1358. Lyrics from "We Are Called" by David Haas. Lyrics © 1988 by GIA Publications, Inc.

International Committee for English in the Liturgy: Excerpts form the English translation of *Rite of Baptism for Children* © 1969, International Commission on English in the Liturgy Corporation (ICEL); excerpts from the English translation of the *Rite of Penance* © 1974, ICEL; excerpts from the English translation of *Rite of Confirmation (Second Edition)* © 1975, ICEL; excerpts from the English translation of *A Book of Prayers* © 1982, ICEL; excerpts form the English translation of *Book of Blessings* © 1988, ICEL; excerpts from the English translation of *The Roman Missal* © 2010, ICEL. All rights reserved.

Obra Nacional de la Buena Prensa, A.C.: From *Misal Romano.* Text copyright © by Obra Nacional de la Buena Prensa, A.C. From *Ritual de la Penitencia.* Text copyright © by Obra Nacional de la Buena Prensa, A.C.

OCP Publications, 5536 NE Hassalo, Portland, OR 97213: Lyrics from "Show Us Your Mercy, O Lord/Misericordia, Señor" by Bob Hurd. English lyrics © 1998 by Bob Hurd; Spanish lyrics © 1972 by Sobicain. Lyrics from "Lead Us to the Water" by Tom Kendzia and Gary Daigle. Lyrics © 1998 by Tom Kendzia and Gary Daigle. Lyrics from "Open My Eyes" by Jesse Manibusan. Lyrics © 1988 by Jesse Manibusan. Published by spiritandsong.com®. Lyrics from "Children of God" by Christopher Walker. Lyrics © 1991 by Christopher Walker. Lyrics from "I Will Praise You, Lord"/"Te Alabaré Señor" by Manuel Jose Alonso and Jose Pagan. Lyrics © 1979 by Manuel Jose Alonso and Jose Pagan. Lyrics from "Glory to God" by Daniel L. Schutte. Lyrics © 2007, 2009 by Daniel L. Schutte.

Illustration Credits
Dan Brown/Artworks 228–231, Shane Marsh/Linden Artists, Ltd. 110–113, 168–171, 268–271; Roger Payne/Linden Artists, Ltd. 70–73, 90–93, 208–211; Francis Phillips/Linden Artists, Ltd. 30–33, 50–53, 308–311; Tracy Somers 58–59, 98–99, 176–177, 178–179, 198–199, 276–277, 316–317, 318–319; Clive Spong/Linden Artists, Ltd. 10–13, 188–191, 248–251, 288–291.

Photo Credits
Laurent Emmanuel/Corbis Sygma 192–193; Royalty-Free/Corbis 26–27.

Un Llamado a Celebrar, La Reconciliación y la Eucharista
ISBN: 978-1-59-276987-2
Item Number: CU5064

1 2 3 4 5 6 7 8 9 10 00287 15 14 13 12 11
RR Donnelley, Menasha, WI, USA; June 2011; Job# 188551

UN LLAMADO A CELEBRAR

LA RECONCILIACIÓN Y LA EUCARISTÍA

Contenido

Reconciliación

Eucaristía

Contents

CALL to CELEBRATE
RECONCILIATION

Querido candidato:

Éste es un momento muy especial para ti. Te estás preparando para dar otro paso en tu viaje de amistad con Jesús y con la Iglesia. El viaje empezó cuando te bautizaron. Este recorrido de la fe no tiene fin. Tu amistad con Jesús y con la Iglesia seguirá creciendo durante toda tu vida.

A veces, en nuestro camino a Jesús, hacemos cosas que lastiman nuestra amistad con Él. Nos arrepentimos y queremos que nos perdonen. Queremos cambiar y estar aun más cerca de Él. La Iglesia nos da el sacramento de la reconciliación para ayudarnos a saber que Dios nos perdona y vuelve a reunirnos con Él.

Dear Candidate,

This is a very special time for you. You are preparing to take another step in your journey of friendship with Jesus and the Church. Your journey began when you were baptized. This journey of faith never ends. You will keep growing in your friendship with Jesus and the Church for your whole life.

Sometimes on our journey with Jesus we act in ways that hurt our friendship with him. We are sorry and want to be forgiven. We want to change and grow even closer to him. The Church gives us the Sacrament of Reconciliation to help us know that God forgives us and brings us back to him.

Estás preparándote para celebrar por primera vez el sacramento de la reconciliación. En este sacramento, Jesús te perdona tus pecados mediante las acciones y las oraciones del sacerdote.

En *Un llamado a celebrar la reconciliación*,

- aprenderás que Dios es un Dios de misericordia y perdón
- rezarás con tus compañeros de clase y con tu familia
- escucharás relatos de Jesús y de los Apóstoles
- aprenderás a celebrar el sacramento de la reconciliación

¿Qué te gustaría aprender este año?

_____

_____

_____

You are getting ready to celebrate the Sacrament of Reconciliation for the first time. In this sacrament, Jesus forgives your sins through the actions and prayers of the priest.

In *Call to Celebrate: Reconciliation*, you will

• learn that God is a God of mercy and forgiveness

• pray with your classmates and family

• listen to the stories of Jesus and the Apostles

• learn how to celebrate the Sacrament of Reconciliation

What is one thing you would like to learn this year?

_____

_____

_____

Se nos llama

Nos reunimos

Procesión

Mientras cantan, caminen lentamente. Sigan a la persona que lleva la Biblia.

 Pueden cantar un cántico.

Escuchamos

Líder: Oremos.

Hagan juntos la señal de la cruz.

Lectura de los Hechos de los Apóstoles.

Lean Hechos 17:22–34.
Palabra de Dios.

Todos: Te alabamos, Señor.

Siéntense en silencio.

2

CHAPTER 1

We Are Called

We Gather

Procession

As you sing, walk forward slowly. Follow the person carrying the Bible.

🎼 *Sing together.*

We are called to act with justice,
We are called to love tenderly,
We are called to serve one
   another,
to walk humbly with God.

David Haas © 1998 GIA Publications

We Listen

Leader: Let us pray.

Make the Sign of the Cross together.

A reading from the Acts of the Apostles.

Read Acts 17:22–34.

The word of the Lord.

All: Thanks be to God.

Sit silently.

Enfoque del rito: Hacer la señal de la cruz

Líder: Recordemos la bondad de Dios, quien nos da todas las cosas buenas. Dios nos da la vida y el aliento, y en Él vivimos, nos movemos y existimos.

Vengan al agua para que los marquen con la señal de la cruz.

[Nombre], Dios te llama por tu nombre para que vivas siempre en el amor con Él.

Candidato: Amén.

Evangelicemos

Líder: Unámonos en la oración que Jesús nos enseñó.

Recen juntos el padrenuestro.
Dios amado, nuestra fuente de vida, bendícenos, protégenos de todo mal y llévanos a la vida eterna.

Todos: Amén.

 Pueden cantar el cántico de entrada.

Ritual Focus: Signing with the Cross

Leader: Let us call to mind the goodness of God, who gives us all good things. God gives us life and breath, and in him we live and move and have our being.

Come to the water to be marked with the Sign of the Cross.

[Name], God calls you by name to live in love with him always.

Candidate: Amen.

We Go Forth

Leader: Let us join in the prayer that Jesus taught us:

Pray the Lord's Prayer together.
Loving God, our source of life, bless us, protect us from all evil, and bring us to everlasting life.

All: Amen.

🎼 *Sing the opening song together.*

Dios llama

Nombre de bautismo

En el **bautismo**, cada uno de nosotros recibe un nombre especial. Por lo general, es el nombre o alguna forma del nombre de un santo o de María, la madre de Jesús. Puede ser el nombre de una persona del Antiguo Testamento. El nombre que recibimos en el bautismo no tiene que ser el nombre de un santo.

Reflexiona

Hacer la señal de la cruz   Piensa acerca de la celebración y escribe en los siguientes espacios las respuestas a dos de las siguientes preguntas.

1.   ¿Qué te dice esta celebración acerca de Dios?

2.   ¿Cuál fue la parte más importante de la celebración para ti?¿Por qué?

3.   ¿Qué significa que te persignen con la señal de la cruz?

4.   ¿Qué sentiste al escuchar las palabras "Dios te llama por tu nombre"?

Pregunta _1_

Que Recibimos el Espiritu Santo

_____

_____

_____

Pregunta _3_

Dios te llama por tu hombre para que vivas siempre

_____

God Calls

SIGNS OF FAITH

Baptismal Name

We are each given a special name at **Baptism**. Usually it is the name or some form of the name of a saint or Mary, the Mother of Jesus. It may be the name of an Old Testament person. The name given at Baptism does not have to be a saint's name.

Reflect

Signing with the cross Think about the celebration, and in the space provided, write responses to two of the following questions.

1. What did the celebration tell you about God?

2. What did you think was the most important part of the celebration for you? Why?

3. What does it mean to be signed with the Sign of the Cross?

4. How did you feel when you heard the words, "God calls you by name"?

Question ___

_____

_____

_____

_____

Question ___

_____

_____

_____

_____

7

Hijos de Dios

En nuestro bautismo, el sacerdote o el diácono nos llama por el nombre. Toda la comunidad nos da la bienvenida con gran júbilo. Nos bautizan en el nombre de Dios Padre, Dios Hijo y Dios Espíritu Santo. El sacerdote o el diácono nos hace la señal de la cruz en la frente. La señal de la cruz es un signo de que pertenecemos a Dios. Nos marca como cristiano, seguidor o discípulo de Jesús.

Dios nos llama a una vida de felicidad con Él. Nos promete su gracia. La **gracia** es una participación en la propia vida de Dios. ¡Imagínense! Dios quiere que compartamos su vida; quiere que seamos sus hijos e hijas. Nos elige y quiere que lo amemos y nos amemos los unos a los otros.

SIGNOS DE FE

Bautismo

El bautismo es el sacramento que nos hace hijos e hijas de Dios y miembros del Cuerpo de Cristo, la Iglesia. El bautismo quita el pecado original y todos los **pecados** personales. Nos une a Jesús y nos hace templos del Espíritu Santo. Nos promete la vida eterna en el cielo. En el bautismo, celebramos la promesa de Dios de que vivirá en amistad con nosotros para siempre.

God's Children

At our Baptism the priest or deacon calls us by name. The whole community welcomes us with great joy. We are baptized in the name of God the Father, God the Son, and God the Holy Spirit. The priest or deacon makes the Sign of the Cross on our forehead. The Sign of the Cross is a sign we belong to God. It marks us as a Christian, a follower or disciple of Jesus.

God calls us to a life of happiness with him. He promises us his grace. **Grace** is a sharing in God's own life. Imagine that! God wants us to share his life; he wants us to be his children. He chooses us and wants us to love him and each other.

SIGNS OF FAITH

Baptism

Baptism is the sacrament that makes us children of God and members of the Body of Christ, the Church. Baptism takes away original sin and all personal **sin**. It unites us to Jesus and it makes us temples of the Holy Spirit. It promises us eternal life in heaven. In Baptism we celebrate God's promise that he will live in friendship with us forever.

Dios nos ama

Enfoque en la fe

¿Cómo muestra Dios su amor por nosotros?

Dios llamó a Pablo para que le contara a la gente acerca de Jesús y su mensaje de la Buena Nueva. Pablo respondió al llamado de Dios y viajó a muchos lugares para predicar a la gente que nunca había escuchado de Jesús o de su mensaje. Esta gente le rendía culto a falsos dioses y construía altares y templos para ellos. Pablo se sintió frustrado al ver tantos ídolos en la ciudad de Atenas. Así que se paró en el mercado y dijo lo siguiente:

Sagrada Escritura

HECHOS 17:22–34

Dios nos da vida a todos

"Ciudadanos de Atenas!", veo que son muy religiosos en todo sentido. Mientras caminaba por los alrededores mirando cuidadosamente sus monumentos sagrados, he encontrado un altar con la inscripción "Al Dios desconocido". Quiero hablarles sobre el Dios desconocido. El Dios que hizo el mundo y todo lo que hay en él; el Señor del cielo y de la tierra no vive en santuarios hechos por el hombre. Él no necesita de las manos humanas. Él hizo el mundo y todo lo que hay en él. Es el Señor del cielo y de la tierra. A todos nos da la vida y el aliento. Hizo todas las cosas: el sol, la luna, las estrellas y las estaciones del año.

God Loves Us

How does God show his love for us?

God called Paul to tell people about Jesus and his message of good news. Paul answered God's call and traveled to many places to preach to people who had never heard of Jesus or his message. They worshiped false gods and built altars and temples to them. In the city of Athens, Paul was frustrated when he saw so many idols. So he stood up in the marketplace and spoke these words:

Scripture

ACTS 17:22–34

God Gives Everyone Life

"People of Athens! I see that in every respect you are very religious. For as I walked around looking carefully at your shrines, I even discovered an altar inscribed 'To an Unknown God.' I want to tell you about the unknown God. The God who made the world and all that is in it, the Lord of heaven and earth, does not dwell in shrines made by human hands. He does not need human hands. It is he who made the world and all that is in it. He is the Lord of heaven and earth. He gives everyone life and breath. He made everything, the sun and moon and stars, the seasons of the year.

"Quiere que la gente lo busque porque Él no está lejos de ninguno de nosotros. Porque en Él vivimos, nos movemos y existimos. Somos sus criaturas, sus hijos. Como sus criaturas, no deberíamos pensar en Dios como una imagen diseñada en oro, plata o piedra por el arte o la imaginación humana. Antes, Dios pasó por alto su ignorancia, pero ahora Él demanda que todos se arrepientan y crean en Él".

Algunos griegos creyeron lo que Pablo les dijo y se hicieron discípulos de Jesús.

BASADO EN HECHOS 17:22–34

? **¿Qué enseña Pablo al pueblo de Atenas acerca de Dios?**

? **¿Cómo respondes tú al llamado de Dios para que lo busques?**

La fe en el hogar

Lee el relato de la Sagrada Escritura con los miembros de tu familia. Comenten sobre las distintas formas en que ustedes han llegado a conocer a Dios: por medio de otras personas, por ciertos acontecimientos y a través de la oración. Haz una lista con ellas y úsala individualmente o con la familia como letanía de acción de gracias en las comidas o cuando estén todos juntos. Lee cada punto y respondan juntos: "Te damos gracias, Dios bueno y misericordioso".

Comparte

Escribe una lista Con un compañero o en grupos pequeños, haz una lista de palabras para compartir con otros jóvenes que les diga dónde pueden buscar a Dios.

"He wants people to search for him because he is not far from any one of us. For, 'In him we live and move and have our being.' We are his offspring, his children. Since we are his offspring, we should not think of God as an image fashioned from gold or silver or stone by human art or imagination. Until now God overlooked your ignorance, but now he demands that all people everywhere repent and believe in him."

Some of the Greeks believed what Paul told them and became followers of Jesus.

BASED ON ACTS 17:22–34

? **What does Paul teach the people of Athens about God?**

? **How do you answer God's call to search for him?**

Faith at Home

Read the scripture story with your family members. Discuss the different ways you and your family have come to know God. Examples could be through other people, events, and prayer. Make a list of those ways and use it by yourself or with family members as a litany of thanksgiving at mealtimes or other times when you are together. Read each item and respond, "We give you thanks, good and gracious God."

Share

Make a list With a partner or in small groups, make a list of words that you can share with other young people that would tell them where they can search for God.

Signos del amor de Dios

SIGNOS DE FE

La Santísima Trinidad
La **Trinidad** es el misterio de un Dios en tres Personas: Padre, Hijo y Espíritu Santo (glosario de *CIC*). Se le puede llamar Dios a cada uno de ellos. La creencia en la Trinidad es la parte más importante de nuestra fe. Cuando nos hacemos la señal de la cruz, estamos diciendo que creemos en la Trinidad.

Enfoque en la fe
¿Qué son los sacramentos?

Desde el principio, Dios quiso que las personas fueran sus amigos. Él compartió su vida con los seres humanos. Pero los primeros seres humanos se apartaron de la amistad de Dios. Lo desobedecieron y pecaron. A este primer pecado lo llamamos **pecado original**. El pecado original afecta a todas las personas. Debido a ello, el sufrimiento vino al mundo y las personas tienden a pecar.

Aunque los primeros seres humanos se apartaron de Dios, Él de todos modos quiso vivir en amistad con la gente. Así que Dios, nuestro Padre, envió a su Hijo Jesús para mostrarnos cuánto nos ama. Jesús es el signo más importante del amor de Dios.

- Jesús nos enseñó a vivir en amistad con Dios.
- Jesús murió en la cruz para salvarnos del pecado.
- Jesús nos enseñó que aun cuando nos apartemos de la amistad de Dios, Dios nos perdonará.

Signs of God's Love

SIGNS OF FAITH

The Holy Trinity

The mystery of one God in three Persons: Father, Son, and Holy Spirit is called the **Trinity** (*CCC* Glossary). Each of them can be called God. Belief in the Trinity is the most important part of our faith. When we make the Sign of the Cross, we are saying we believe in the Trinity.

Faith Focus

What are the sacraments?

From the very beginning, God wanted people to be friends with him. He shared his life with humans. But the first humans turned away from God's friendship. They disobeyed him and sinned. We call this first sin **original sin**. Original sin affects all people. Because of it, suffering came into the world and people tend to sin.

Even after the first humans turned away from him, God still wanted to live in friendship with people. So, God our Father sent his Son, Jesus, to show us how much he loves us. Jesus is the most important sign of God's love.

- Jesus showed us how to live in friendship with God.

- Jesus died on the cross to save us from sin.

- Jesus showed us that even when we turn from God's friendship, God will forgive us.

Los sacramentos de la iniciación

Jesús nos dio los sacramentos para que pudiéramos conocer el amor de Dios, su perdón, su sanación y su llamado al servicio. Un **sacramento** es un signo eficaz que proviene de Jesús. Los siete sacramentos nos dan la gracia.

El primero de los tres **sacramentos de la iniciación** es el **bautismo**. En el bautismo, nos unimos a Jesús y recibimos vida nueva. En la **confirmación**, el Espíritu Santo nos da fuerza para vivir como discípulos de Jesús. El bautismo y la confirmación nos marcan con un carácter especial, por lo tanto, podemos recibirlos sólo una vez.

En la **eucaristía**, recibimos el Cuerpo y la Sangre de Jesús. Podemos participar con frecuencia en la eucaristía. La eucaristía nos ayuda a parecernos más a Jesús. Nos ayuda a vivir, a movernos y a existir en Dios. Necesitamos celebrar la reconciliación antes de la primera comunión.

Estos tres sacramentos juntos nos hacen miembros de la Iglesia. La Iglesia es un signo del amor de Dios. Dios nos llama a vivir en comunidad con las demás personas que creen en Él. La familia de la Iglesia nos ayuda a crecer como hijos e hijas de Dios.

? **¿Cuáles son algunos de los signos del amor de Dios en tu vida?**

La fe en el hogar

Comenten juntos la pregunta y las respuestas de los miembros de la familia. Pregúntale a los miembros de tu familia por qué Jesús es el mayor signo del amor de Dios por ellos. Pídeles que cuenten sus relatos favoritos de los evangelios acerca de Jesús y que digan las cualidades de Jesús que ellos ven en los relatos.

The Sacraments of Initiation

Jesus gave us the sacraments, so we would know God's love, forgiveness, healing, and call to service. A **sacrament** is an effective sign that comes from Jesus. The seven sacraments give us grace.

Baptism is the first of the three **Sacraments of Initiation**. In Baptism we are united to Jesus and receive new life. In **Confirmation** the Holy Spirit gives us strength to live as followers of Jesus. Baptism and Confirmation mark us with a special character, so we can only receive them once.

In the **Eucharist** we receive the Body and Blood of Jesus. We can participate in the Eucharist often. The Eucharist helps us be more like Jesus. It helps us live and move and have our being in God. We need to celebrate Reconciliation before First Eucharist.

These three sacraments together make us members of the Church. The Church is a sign of God's love. God calls us to live in community with other people who believe in him. The Church family helps us grow as God's children.

❓ **What are some signs of God's love in your life?**

Faith at Home

Discuss the question and your family members' responses together. Ask others to share how Jesus is God's greatest sign of love for them. Ask family members to tell one of their favorite stories of Jesus from the Gospels and tell what qualities of Jesus they see in the story.

Ser miembro

Responde

Construye una Iglesia Con un compañero o en grupos pequeños, comenten sobre lo que significa ser miembro de la Iglesia. Luego, en cada uno de los bloques de abajo, escribe una acción que hacen los miembros de la Iglesia para demostrar que son miembros activos. Escoge una de las acciones que puedas hacer y realízala esta semana.

Cantar en el Choro

Collecton el dinero

Leer la lectura

Bendición final

Reúnanse y comiencen con la señal de la cruz.

Líder:	Dios Padre, tú nos das todos los seres vivos.
Todos:	Te alabamos y te damos gracias.
Líder:	Jesús, Salvador nuestro, tú nos das la vida.
Todos:	Te alabamos y te damos gracias.
Líder:	Espíritu Santo, Ayudante nuestro, tú nos santificas.
Todos:	Te alabamos y te damos gracias.
Líder:	Vayamos ahora en paz y en amor.
Todos:	Te alabamos, Señor.

♪ *Pueden cantar un cántico.*

Being a Member

Respond

Build a church   With a partner or small group, talk about what it means to be a member of the Church. Then, in each of the building blocks below, write one thing that members of the Church do to show they are active members. Choose one of the actions that you are able to do and do it this week.

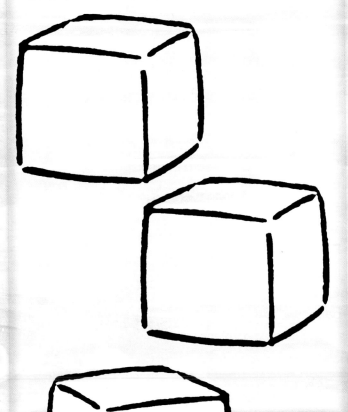

Closing Blessing

Gather and begin with the Sign of the Cross.

Leader: God, our Father, you give us all the living creatures.

All: We praise and thank you.

Leader: Jesus, our Savior, you give us life.

All: We praise and thank you.

Leader: Holy Spirit, our Helper, you make us holy.

All: We praise and thank you.

Leader: Let us go forth in peace and love.

All: Thanks be to God.

🎼 *Sing together.*

We are called to act with justice,
We are called to love tenderly,
We are called to serve one another,
to walk humbly with God.

David Haas © 1998 GIA Publications

La fe en el hogar

Enfoque en la fe

- En el bautismo, Dios nos llama a una vida de felicidad con Él.

- Un sacramento es un signo eficaz que proviene de Jesús y nos da la gracia.

- Jesús es el signo más grandioso del amor de Dios Padre.

Enfoque del rito
Hacer la señal de la cruz

La celebración se centró en ser marcado con agua bendita. Vinieron al agua, fueron llamados por el nombre y se les hizo la señal de la cruz. Durante la semana, hazte la señal de la cruz al levantarte y recuerda que perteneces a Dios.

Oración en familia

Dios Padre, gracias por llamarnos a ser tus hijos e hijas. Conocemos tu amor y queremos compartirlo con los demás. Envía a tu Espíritu Santo para que nos ayude a amar y a cuidar todo lo que has creado. Te lo pedimos en el nombre de tu Hijo, Jesús. Amén.

Actúa

Compartan juntos Lee Isaías 43:1–4. Invita a los miembros de tu familia a que comenten cómo los hace sentir la lectura. Luego, hablen entre todos acerca de la frase: "Te he llamado por tu nombre, tú eres mío". Invita a los miembros de tu familia a que comenten el por qué de su nombre. Después, pregúntales qué les gusta de su nombre. Pídeles que permanezcan en silencio e imaginen que Dios dice su nombre, y agrega: "tú eres mío".

Actúen juntos Dios nos llama a vivir en armonía con la naturaleza y a disfrutarla. Juntos escojan una de las siguientes actividades para hacerla en familia esta semana:

- Dar un paseo al aire libre para disfrutar de la naturaleza.
- Comentar sobre cómo su familia puede ser administradora del agua.
- Buscar un proyecto ambiental e involucrarse en él.
- Ofrecerse como voluntario para ayudar a cuidar el jardín de algún vecino anciano.

Faith at Home

Faith Focus

- In Baptism God calls us to a life of happiness with him.

- A sacrament is an effective sign that comes from Jesus and gives us grace.

- Jesus is the greatest sign of God the Father's love.

Ritual Focus
Signing with the Cross

The celebration focused on being signed with holy water. You came to the water, were called by name, and signed with the Sign of the Cross. During the week, sign yourself with the Sign of the Cross when you wake up and remember that you belong to God.

Family Prayer

God, our Father, thank you for calling us to be your children. We know your love, and we want to share it with others. Send your Holy Spirit to help us love and care for everything you have created. We ask this in the name of your Son, Jesus. Amen.

Act

Share Together Read Isaiah 43:1–4. Invite family members to share how the reading makes them feel. Then talk together about the phrase, "I have called you by name, you are mine." Invite family members to share why they have the names they do. Then ask individuals to share what they like about their names. Have everyone be still and imagine God saying each of their names and adding, "You are mine."

Do Together God calls us to live in harmony with nature and to enjoy it. With your family, choose one of the following to do as a family this week:

- Go on a nature walk.
- Discuss how your family can be stewards of water.
- Find an environmental project to become involved in.
- Volunteer to help take care of an elderly neighbor's yard.

GO online **www.osvcurriculum.com**
Visit our website for weekly Scripture readings and questions, family resources, and more activities.

2 Somos bienvenidos

Nos reunimos

Procesión

Mientras cantan, avancen lentamente. Sigan a la persona que lleva la Biblia.

 Pueden cantar un cántico.

Líder: Oremos.

Hagan juntos la señal de la cruz.

Enfoque del rito: Renovación de las promesas bautismales

Líder: Jesús es la Luz del mundo.

Enciende la vela.

Renovemos ahora nuestras promesas bautismales.

¿Renunciáis al pecado para vivir en la libertad de los hijos e hijas de Dios?

Todos: Sí, renuncio.

Líder: ¿Renunciáis a Satanás y a todas sus obras y promesas vacías?

Todos: Sí, renuncio.

CHAPTER 2

We Are Welcomed

We Gather

Procession

As you sing, walk forward slowly. Follow the person carrying the Bible.

 Sing together.

We are marching in the light
   of God,
We are marching in the light
   of God,
We are marching, we are
   marching in the light of God.
We are marching, we are
   marching in the light of God.

South African Traditional

Leader: Let us pray.

Make the Sign of the Cross together.

Ritual Focus: Renewal of Baptismal Promises

Leader: Jesus is the Light of the World.

Light the candle.

Let us renew our baptismal promises now.

Do you reject sin so as to live in the freedom of God's children?

All: I do.

Leader: Do you reject Satan, and all his works, and all his empty promises?

All: I do.

Líder: ¿Creéis en Dios, Padre todopoderoso, en Jesucristo, su único Hijo, nuestro Señor, en el Espíritu Santo y en la Santa Iglesia Católica?

Todos: Sí, creo.

BASADO EN EL RITUAL PARA EL BAUTISMO DE LOS NIÑOS, 145–146

Asperje a los jóvenes con agua.

Hagan la señal de la cruz cuando los asperjan con agua bendita.

Escuchamos

Líder: Padre bueno y amoroso, envíanos al Espíritu Santo para que nos abra el corazón a la Buena Nueva de tu Hijo Jesús, la Luz del mundo. Te lo pedimos en su nombre.

Todos: Amén.

Líder: Lectura del santo Evangelio según san Lucas.

Todos: Gloria a ti, Señor.

Líder: *Lean Lucas 19:1–10.*

Palabra del Señor.

Todos: Gloria a ti, Señor Jesús.

Siéntense en silencio.

Evangelicemos

Líder: Padre amoroso, te damos gracias por la Luz de Cristo. Envíanos al Espíritu Santo para que nos ayude a vivir como hijos e hijas de la luz.

Todos: Amén.

 Pueden cantar el cántico de entrada.

24

Leader: Do you believe in God, the Father almighty; in Jesus Christ, his only Son, our Lord; in the Holy Spirit and the holy catholic Church?

All: I do.

BASED ON RITE OF BAPTISM FOR CHILDREN, 145–146

Sprinkle young people with water.

Make the Sign of the Cross as you are sprinkled with water.

We Listen

Leader: Good and gracious Father, send us the Holy Spirit to open our hearts to the good news of your Son, Jesus, the Light of the World. We ask this in his name.

All: Amen.

Leader: A reading from the holy Gospel according to Luke.

All: Glory to you, O Lord.

Leader: *Read Luke 19:1–10.*

The Gospel of the Lord.

All: Praise to you, Lord Jesus Christ.

Sit silently.

We Go Forth

Leader: Loving Father, thank you for the Light of Christ. Send us the Holy Spirit to help us live as children of the light.

All: Amen.

 Sing the opening song together.

La Luz de Cristo

SIGNOS DE FE

Agua bendita

El agua bendecida por un **sacerdote** o diácono se llama **agua bendita**. Usamos el agua bendita para hacer la señal de la cruz y recordar nuestro bautismo.

Reflexiona

Renovación de las promesas bautismales   Durante la celebración, renovaron las promesas bautismales y se les asperjó con agua bendita. Piensa en la próxima semana y escribe un párrafo acerca de cómo mantendrás tus promesas bautismales durante la semana.

Yo mantendré mis promesas constantemente recordandome, Siempre pensar cosas positivas

The Light of Christ

SIGNS OF FAITH

Holy Water

Water blessed by a **priest** or deacon is called **holy water**. We use holy water to make the Sign of the Cross and to remember our Baptism.

Reflect

Renewal of Baptismal Promises During the celebration you renewed your baptismal promises and were sprinkled with holy water. Think about the next week, and write a paragraph about how you will keep your baptismal promises throughout the week.

_____

_____

_____

_____

_____

_____

_____

_____

_____

Hijos e hijas de la luz

En el bautismo recibimos una vela y el sacerdote o diácono reza para que caminemos como hijos e hijas de la luz. Somos hijos e hijas de la luz cuando decidimos crecer en nuestra relación con Jesús y la Iglesia, amar a los demás y preocuparnos por ellos.

A veces no nos comportamos como hijos e hijas de la luz. Aun cuando amamos a nuestra familia o amigos, podemos hacer cosas que no son caritativas. Aunque sentimos pena por las personas pobres o necesitadas, no nos relacionamos con ellas. A veces, elegimos no preocuparnos o no compartir lo que tenemos con ellas. Cuando hacemos eso, elegimos el pecado.

Sabemos lo que es elegir hacer algo que está mal. Sabemos lo que es sentirnos arrepentidos y querer reconciliarnos. ¿Qué pasaría si jamás tuviéramos una segunda oportunidad?

SIGNOS DE FE

Velas

Las velas son signos de Cristo, la Luz del mundo. Las velas se usan en el altar durante la misa. La vela más importante que se usa en los sacramentos es el **cirio pascual**. Esta vela se bendice en la Vigilia Pascual y arde durante las misas del tiempo de Pascua. También arde en los bautismos y en los funerales a lo largo del año. A veces se colocan velas delante de los altares de María y de los santos. Estas velas son señales de respeto y oración.

Children of the Light

At Baptism we receive a candle. The priest or deacon prays that we will walk as children of the light. We are children of the light when we make choices to grow in our friendship with Jesus and the Church, and to love and care about other people.

Sometimes we do not act like children of the light. Even though we love our family or friends, we may choose to do things that are unloving. Even though we feel sorry for people who are poor or in need, we do not reach out to them. Sometimes we choose not to care about or share what we have with them. When we do that, we choose sin.

We know what it is like to choose to do something wrong. We know what it is like to feel sorry and want to make up. What if we never got a second chance?

SIGNS OF FAITH

Candles

Candles are signs of Christ, the Light of the World. Candles are used at the altar during Mass. The most important candle used in the sacraments is the **Paschal candle**. This candle is blessed at the Easter Vigil and burned during the Masses of the Easter season. It is also burned at Baptisms and funerals throughout the year. Sometimes candles are placed before the altars of Mary and the saints. These candles are a sign of respect and prayer.

Jesús trae la Buena Nueva

Enfoque en la fe

¿Qué sucede cuando Jesús nos recibe?

Jesús recibió a los pecadores. Comió y bebió con ellos. Les dio una segunda oportunidad. Les contó relatos sobre Dios. Los curó y los perdonó. Las personas cambiaban cuando conocían a Jesús.

Sagrada Escritura

LUCAS 19:1–10

Zaqueo

Un día, Jesús atravesaba el pueblo de Jericó. Las multitudes se reunían para verlo. Él no tenía planeado detenerse allí. Un hombre llamado Zaqueo, un rico cobrador de impuestos, buscaba ver quién era Jesús; pero como era de tan baja estatura, la multitud no lo dejaba verlo. Así que corrió y se subió a un árbol sicómoro para poder ver a Jesús.

Cuando llegó a la cima, Jesús miró hacia arriba, vió a Zaqueo y le dijo: "Zaqueo, baja enseguida, pues hoy tengo que quedarme en tu casa". Zaqueo bajó rápidamente y recibió a Jesús en su casa con júbilo.

Jesus Brings Good News

Faith Focus

What happens when Jesus welcomes us?

Jesus welcomed sinners. He ate and drank with them. He gave them a second chance. He told them stories about God. He healed and forgave them. When people got to know Jesus, they changed.

LUKE 19:1–10

Zacchaeus

One day Jesus was going through the town of Jericho. The crowds gathered to see him. He did not plan to stop there. Now a man there named Zacchaeus, who was a chief tax collector and also a wealthy man, was seeking to see who Jesus was; but he could not see him because of the crowd, for he was short in stature. So he ran ahead and climbed a sycamore tree in order to see Jesus.

When he reached the place, Jesus looked up and said to him, "Zacchaeus, come down quickly, for today I must stay at your house." Zacchaeus came down quickly and welcomed Jesus to his house with joy.

31

Las personas de la multitud estaban descontentas. Decían: "Ha ido a quedarse a la casa de un pecador". No les parecía bien que Jesús estuviera en casa de pecadores.

Zaqueo le dijo a Jesús: "Voy a dar la mitad de mis bienes a los pobres. Si le he quitado algo a alguien, le devolveré cuatro veces más".

Jesús dijo: "Zaqueo, hoy ha llegado el perdón de Dios a tu casa".

BASADO EN LUCAS 19:1–10

? **¿Por qué crees que Jesús decidió quedarse en la casa de Zaqueo?**

? **¿Cómo te sentirías si Jesús fuera a tu casa? ¿Cómo cambiarías?**

La fe en el hogar

Lee el relato de la Sagrada Escritura con los miembros de tu familia. Comenten las respuestas a las preguntas, y hablen acerca de cómo Zaqueo cambió después de conocer a Jesús. Comenten sobre las formas en que tu familia recibe a las personas.

Comparte

Escribe una canción   Con un compañero o en un grupo pequeño, escribe una letra para la tonada de la canción "*Vienen con alegría*" que describa lo que podrían hacer para recibir a Jesús en sus vidas.

_____

_____

_____

_____

The people in the crowd were not happy. They said, "He has gone to stay at the house of a sinner." They did not think Jesus should be around sinners.

Zacchaeus told Jesus, "I will give half of my possessions to the poor. If I have taken anything from anyone, I will pay them back four times more."

Jesus said, "Zacchaeus, today God's forgiveness has come to your house."

BASED ON LUKE 19:1–10

❓ Why do you think Jesus decided to stay at Zacchaeus' house?

❓ How would you feel if Jesus came to your house? How would you change?

Share

Write a song With a partner or in a small group, write words to the tune of "We Are Marching" that describe what you might do to welcome Jesus into your lives.

_____

_____

_____

_____

Segunda oportunidad

SIGNOS DE FE

Confesionario

El lugar donde los individuos celebran el sacramento de la reconciliación con el sacerdote se llama **confesionario**. La habitación se prepara de manera que podamos sentarnos cara a cara con el sacerdote o podemos elegir arrodillarnos o sentarnos detrás de una cortina mientras hablamos con él. El sacerdote no puede contar jamás lo que le decimos durante el sacramento de la reconciliación.

Enfoque en la fe

¿Cómo se nos recibe en el sacramento de la reconciliación?

Cuando Dios nos creó, nos dio el libre albedrío: la capacidad de elegir entre el bien y el mal. Cuando elegimos hacer lo que sabemos que está mal, pecamos.

Una de las formas de demostrar que estamos arrepentidos de nuestros pecados y pedir el perdón de Dios es celebrando el **sacramento de la reconciliación**. También podemos llamarlo **sacramento de la penitencia**, del perdón o de la confesión.

Este sacramento podemos celebrarlo una y otra vez. Es necesario hacerlo cuando elegimos alejarnos del amor de Dios y separarnos de su vida. Esto se llama **pecado mortal**. Para que un pecado sea mortal debe ser una ofensa grave, saber que la es y elegir libremente cometerla. También podemos recibir este sacramento por pecados menos graves que debilitan nuestra amistad con Dios. Un pecado menos grave se llama **pecado venial**.

Second Chance

Reconciliation Room

The place where individuals celebrate the Sacrament of Reconciliation is called a **Reconciliation Room**. The room is set up so we can sit face-to-face with the priest, or we may choose to kneel or sit behind a screen while we speak to him. The priest cannot ever tell what we say to him during the Sacrament of Reconciliation.

Faith Focus

How are we welcomed in the Sacrament of Reconciliation?

When God created us, he gave us free will. This is the ability to choose between right and wrong. When we choose to do what we know is wrong, we sin.

One of the ways we can show we are sorry for our sins and ask God's forgiveness is in the **Sacrament of Reconciliation**. We also call this the **Sacrament of Penance**, the Sacrament of Forgiveness, or Confession.

We can celebrate this sacrament again and again. It is necessary to do so when we choose to completely turn away from God's love and separate ourselves from God's life. This is called a **mortal sin**. For a sin to be mortal, it must be seriously wrong, we must know it is seriously wrong, and we must freely choose to do it anyway. We can also celebrate this sacrament for less serious sins that weaken our friendship with God. A less serious sin is called a **venial sin**.

Preparación y bienvenida

La Iglesia celebra la penitencia de dos maneras. En las **celebraciones individuales**, la persona que busca el perdón se encuentra con el sacerdote a solas. En las **celebraciones comunitarias**, grupos de personas se reúnen para escuchar la Palabra de Dios y para rezar. Luego, cada persona cuenta sus pecados en privado al sacerdote.

En el sacramento de la reconciliación, el sacerdote actúa en lugar de Jesús. El sacerdote es un signo del perdón de Dios. Se prepara para recibirnos en el sacramento de la penitencia rezándole al Espíritu Santo. Le pide al Espíritu Santo que lo ayude a hablarnos del amor y del perdón de Dios.

Nos preparamos para el sacramento rezándole al Espíritu Santo y examinando nuestras acciones. Comenzamos con la señal de la cruz. En una celebración individual, el sacerdote nos saluda diciendo palabras como éstas:

"Que Dios, que ha iluminado todos los corazones, te ayude a reconocer tus pecados y a confiar en su misericordia".

Respondemos: "Amén".

? **¿Cómo le pedirás al Espíritu Santo que te ayude a examinar tu vida?**

La fe en el hogar

Comenten en familia las respuestas a la pregunta de la página. Pide a los miembros de la familia que cuenten cómo se preparan para celebrar el sacramento de la reconciliación. Cuando estés en la iglesia esta semana, pide a algún miembro de la familia que te muestre el confesionario.

Preparation and Welcome

The Church celebrates Penance in two ways. In **individual celebrations** the person seeking forgiveness meets alone with the priest. In **communal celebrations** groups of people gather to listen to God's word and pray together. Then each person tells his or her sins privately to the priest.

In the Sacrament of Reconciliation the priest acts in the place of Jesus. The priest is a sign of God's forgiveness. He prepares to welcome us to the Sacrament of Penance by praying to the Holy Spirit. He asks the Holy Spirit to help him tell us about God's love and forgiveness.

We prepare for the sacrament by praying to the Holy Spirit and looking at our actions. Whether we celebrate the Sacrament of Penance individually or as a group, we begin with the Sign of the Cross. In an individual celebracion, the priest then greets us with words like these:

> "May God who has enlightened every heart, help you to know your sins and trust in his mercy."

We answer, "Amen."

? **How will you ask the Holy Spirit to help you look at your life?**

Faith at Home

Discuss responses to the question on the page. Ask family members to share how they prepare to celebrate the Sacrament of Reconciliation. When you are at church this week, ask a family member to show you the Reconciliation Room.

Prepararse para la celebración

Responde

Haz un boceto En el espacio siguiente, haz un boceto de las formas en que te prepararás para celebrar el sacramento de la reconciliación.

Bendición final

Reúnanse y comiencen con la señal de la cruz.

Líder: Dios, nuestro Padre amado, te damos gracias por recibirnos como hijos e hijas tuyos. Aumenta nuestra fe y haznos fuertes.

Todos: Escúchanos, te rogamos.

Líder: Dios, nuestro Padre amado, nos llamas a que cambiemos y crezcamos. Haz que nuestra luz brille más para ti.

Todos: Escúchanos, te rogamos.

Líder: Dios, nuestro Padre amado, ayúdanos a reconocer nuestros pecados y a confiar en tu misericordia.

Todos: Escúchanos, te rogamos.

♪ *Pueden cantar un cántico.*

Preparing to Celebrate

Respond

Create a sketch In the space below, create a sketch of ways you will prepare to celebrate the Sacrament of Reconciliation.

Closing Blessing

Gather and begin with the Sign of the Cross.

Leader: God, our Gracious Father, you welcome us as your children. Increase our faith and make us strong.

All: Hear us, we pray.

Leader: God, our Gracious Father, you call us to change and grow. Make our light burn brighter for you.

All: Hear us, we pray.

Leader: God, our Gracious Father, help us to know our sins and trust in your mercy.

All: Hear us, we pray.

♪ *Sing together.*

We are marching in the light
    of God,
We are marching in the light
    of God.
We are marching, we are marching
    in the light of God.
We are marching, we are marching
    in the light of God.

South African Traditional

Enfoque en la fe

- El bautismo nos llama a caminar en la luz.

- El pecado es una elección.

- El sacramento de la reconciliación perdona los pecados cometidos después del bautismo.

Enfoque del rito Renovación de las promesas bautismales

La celebración se concentró en la renovación de las promesas bautismales. Renovaron sus promesas bautismales y se les asperjó con agua bendita. Durante la semana, usa el texto de las páginas 22 y 24 con los miembros de tu familia, y renueven juntos sus propias promesas bautismales.

Oración en familia

Padre amoroso, te damos gracias por todas las formas en que te nos das a conocer. Ayúdanos a continuar esparciendo la Luz de Cristo en nuestro mundo. Te lo pedimos en el nombre de tu Hijo, Jesús. Amén.

Actúa

Compartan juntos Lee Lucas 19:1–10. Hablen acerca de cómo debe haber sido para Zaqueo que Jesús fuera a su casa, y de cómo cambió después de haberlo conocido. Luego, invita a cada miembro de la familia a hacer una lista de personas cuyo ejemplo provocó algún cambio en su vida. Pide a cada uno que lea los nombres de su lista. Después de cada nombre, digan juntos "Que Dios te bendiga por ser luz en nuestra vida".

Actúen juntos Juntos, piensen y compartan los nombres de algunas personas a las que tu familia podría llevarles un poco de luz y alegría. Recuerden que hasta las cosas pequeñas pueden alegrarle el día a alguien. Elijan a una de las personas y planeen lo que harán para alegrarle la vida.

Faith at Home

Faith Focus

- At Baptism we are called to walk in the light.

- Sin is a choice.

- The Sacrament of Reconciliation forgives sins committed after Baptism.

Ritual Focus
Renewal of Baptismal Promises

The celebration focused on the Renewal of Baptismal Promises. You renewed your baptismal promises and were sprinkled with holy water. During the week, use the text on pages 23 and 25 with your family members, and have them renew their baptismal promises with you.

Family Prayer

Loving Father, we give you thanks for all the ways you make yourself known to us. Help us to continue to spread the Light of Christ in our world. We ask this in the name of your Son, Jesus. Amen.

Act

Share Together   Read Luke 19:1–10. Talk about what it must have been like for Zacchaeus to have Jesus come to his house and the changes he made after he met Jesus. Then invite family members to list people whose example caused them to change something in their own lives. Have each person read the names on his or her list. After each name, pray together, "God bless you for being a light in our life."

Do Together   Together, think about and share the names of some people that your family could contribute some light and joy to. Remember that even small things can brighten someone's day. Choose one of the people, and plan what you will do to brighten his or her life.

GO online **www.osvcurriculum.com**
Visit our website for weekly scripture readings and questions, family resources, and more activities.

Nos reunimos

Procesión

Mientras cantan, caminen lentamente. Sigan a la persona que lleva la Biblia.

 Pueden cantar un cántico.

Líder: Oremos.

Hagan juntos la señal de la cruz.

Enfoque del rito: Reverenciar la Palabra

Pasen adelante de uno en uno. Inclínense ante la Biblia o coloquen la mano sobre ella.

Líder: [Nombre], que la Palabra de Dios te ilumine siempre.

Candidato: Amén.

We Gather

Procession

As you sing, walk forward slowly. Follow the person carrying the Bible.

 Sing together.

Misericordia, Señor, show us your mercy, O Lord, hemos pecado, for we have sinned.

© 1998, Bob Hurd. Published by OCP

Leader: Let us pray.

Make the Sign of the Cross together.

Ritual Focus: Reverencing the Word

Come forward one at a time. Bow or place your hand on the Bible.

Leader: [Name], may God's word always enlighten you.

Candidate: Amen.

Líder: Dios, nuestro Padre amado, tú que nos llamas a la santidad y a la bondad y que nos quieres unidos en ti, envíanos al Espíritu Santo para que nuestra mente y nuestro corazón se abran a tu Palabra y a las obras de tu misericordia. Te lo pedimos por Jesucristo, nuestro Señor.

Todos: Amén.

Escuchamos

Líder: Lectura del santo Evangelio según san Lucas.

Todos: Gloria a ti, Señor.

Líder: *Lean Lucas 10:25–28.* Palabra del Señor.

Todos: Gloria a ti, Señor Jesús.

Siéntense en silencio.

Líder: Unámonos en la oración que Jesús nos ha enseñado.

Recen juntos el padrenuestro.

Evangelicemos

Líder: Que el Señor nos bendiga, nos proteja de todo mal y nos lleve a la vida eterna.

Todos: Amén.

♪ *Pueden cantar el cántico de entrada.*

Leader: God, our loving Father, you call us to holiness and goodness. You want us to be united in you. Send us the Holy Spirit so that our minds and hearts will be open to your word and the works of your goodness. We ask this through Jesus Christ our Lord.

All: Amen.

We Listen

Leader: A reading from the holy Gospel according to Luke.

All: Glory to you, O Lord.

Leader: *Read Luke 10:25–28.* The Gospel of the Lord.

All: Praise to you, Lord Jesus Christ.

Sit silently.

Leader: Let us join in the prayer Jesus has taught us.

Pray the Lord's Prayer together.

We Go Forth

Leader: May the Lord bless us, protect us from all evil, and bring us to everlasting life.

All: Amen.

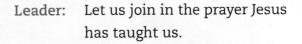 *Sing the opening song together.*

La Palabra de Dios

SIGNOS DE FE

Reverencia

Al inclinar la cabeza o el cuerpo hacia adelante en señal de reverencia demostramos honra y adoración a Dios. También nos inclinamos durante la oración cuando queremos pedir la bendición de Dios. A veces inclinamos la cabeza para reverenciar el nombre de Jesús.

Reflexiona

Reverenciar la Palabra En el siguiente espacio, haz un collage de palabras que expresen tus sentimientos acerca de reverenciar la Sagrada Escritura durante la celebración. También incluye palabras que describan la importancia de la Palabra de Dios para ti en tu vida.

Vivir Mi Vida Bien

Amor y Felicidad

Paz

Ser Buenas Hobras

God's Word

SIGNS OF FAITH

Bowing

Bending the head or body forward shows honor and adoration for God. We also bow in prayer when we want to ask for God's blessing. Sometimes we bow our heads to reverence the name of Jesus.

Reflect

Reverencing the word   In the space provided, make a word collage using words that express your feelings about reverencing the Scriptures in the celebration. Also include words that describe the importance of God's word for you in your life.

Dios nos habla

Reverenciamos la Biblia porque es un libro sagrado. Es la propia Palabra de Dios. La Biblia cuenta la historia del amor de Dios por su pueblo. En la Biblia están los relatos de lo que dijo e hizo Jesús.

Escuchamos relatos de la Biblia todos los domingos en la misa. Durante el sacramento de la reconciliación, leemos o escuchamos relatos de la Biblia. Estos relatos pueden ser sobre el perdón de Dios o sobre la manera como debemos vivir las leyes de Dios.

También usamos la Biblia antes de celebrar el sacramento de la reconciliación para que nos ayude a observar nuestra vida. Rogamos al Espíritu Santo que nos ayude a ver si estamos viviendo de acuerdo con los diez mandamientos, las bienaventuranzas, la vida de Jesús y las enseñanzas de la Iglesia.

SIGNOS DE FE

La Biblia

La Biblia es la propia Palabra de Dios. Otro nombre dado a la Biblia es **Sagrada Escritura**. La palabra *Escritura* quiere decir "escrito". Dios inspiró a los humanos para que escribieran en la Biblia relatos de su amor y de su perdón. La Biblia tiene dos partes: el Antiguo Testamento y el Nuevo Testamento. El Antiguo Testamento cuenta la historia del amor y el perdón de Dios antes de la llegada de Jesús. El Nuevo Testamento nos cuenta lo que enseñaron Jesús y sus discípulos acerca del amor y el perdón de Dios.

God Speaks to Us

We reverence the Bible because it is a holy book. It is God's own word. The Bible tells the story of God's love for his people. The stories of what Jesus said and did are in the Bible.

We hear stories from the Bible every Sunday at Mass. During the Sacrament of Reconciliation, we read or listen to stories from the Bible. These stories may be about God's forgiveness or how we are to live God's laws.

We also use the Bible before we celebrate the Sacrament of Reconciliation to help us look at our lives. We pray to the Holy Spirit to help us know if we are living according to the Ten Commandments, the Beatitudes, the life of Jesus, and Church teachings.

SIGNS OF FAITH

The Bible

The Bible is God's own word. Another name used for the Bible is **Scriptures**. The word *Scriptures* means "writings." God inspired humans to write stories in the Bible about his love and forgiveness. The Bible has two parts, the Old Testament and the New Testament. The Old Testament tells the story of God's love and forgiveness before Jesus came. The New Testament tells us what Jesus and his followers taught about God's love and forgiveness.

Amar a Dios y al prójimo

Enfoque en la fe
¿Cuál es el mandamiento más importante?

Nosotros queremos hacer el bien. Los mandamientos nos ayudan a reconocer la diferencia entre lo bueno y lo malo. Cuando Jesús estaba en la tierra, la gente quería saber cuál de los mandamientos de Dios era el más importante.

Sagrada Escritura

LUCAS 10:25–28

El gran mandamiento

Un día, cuando Jesús estaba enseñando en un pueblito, hubo un hombre estudioso de la ley que se levantó para probarlo y le dijo: "Maestro, ¿qué tengo que hacer para heredar la vida eterna?"

Jesús le respondió con una pregunta. "Cuando estudias la ley de Dios, ¿qué te dice?". El hombre respondió: "Amarás al Señor tu Dios con todo tu corazón, con toda tu alma, con todas tus fuerzas y con toda tu mente; y amarás a tu prójimo como a ti mismo". Jesús respondió: "Has contestado correctamente. Haz eso y vivirás".

BASADO EN LUCAS 10:25–28

Loving God and Neighbor

Faith Focus
What is the greatest commandment?

We want to do the right thing. Commandments help us know the difference between right and wrong. When Jesus was on earth, people wanted to know which one of God's commandments was the greatest.

Scripture

LUKE 10:25–28

The Great Commandment

One day when Jesus was teaching in a small town, there was a scholar of the law who stood up to test him, and said, "Teacher, what must I do to inherit eternal life?"

Jesus answered with a question of his own. "When you study God's law, what does it tell you?" The man replied, "You shall love the Lord your God with all your heart, with all your being, with all your strength, and with all your mind, and your neighbor as yourself." Jesus replied, "You have answered correctly. Do this and you will live."

BASED ON LUKE 10:25–28

Los diez mandamientos nos resumen lo que está bien y mal. Por amor, Dios entregó los diez mandamientos al pueblo de Israel y a nosotros. Cumplir los mandamientos nos ayuda a permanecer cerca de Dios.

Las dos partes del gran mandamiento contienen los diez mandamientos divididos así: los tres primeros mandamientos nos enseñan a amar a Dios; los siete restantes nos enseñan a amarnos a nosotros mismos y al prójimo. Cuando Jesús le dijo al hombre que estaba en lo correcto, le decia a él y a nosotros que el mandamiento más importante es el amor.

Los diez mandamientos nos enseñan a vivir como Dios quiere que vivamos. Nos dicen cómo amar a Dios, a nosotros mismos y al prójimo. Nos enseñan el camino a la verdadera felicidad y a la vida eterna.

? **¿Qué trataba Jesús de decirle al hombre?**

? **¿Cuándo te sientes feliz de cumplir un mandamiento?**

La fe en el hogar

Lee el relato de la Sagrada Escritura con los miembros de tu familia. Comenten las respuestas a las preguntas. Hablen acerca de situaciones en la familia, la escuela o el trabajo en las que los miembros de la familia deben seguir las normas y las leyes. Hablen de los resultados positivos que se obtienen cuando todo el mundo respeta las leyes o las reglas. Comenten cómo se puede vivir en familia el gran mandamiento.

Comparte

Representación Con un compañero o en un grupo pequeño, aporten ideas sobre las formas en que los jóvenes de hoy pueden seguir el gran mandamiento. Planifiquen una representación acerca de una de ellas, mostrando cómo los jóvenes pueden escoger seguir el mandamiento.

The Ten Commandments sum up for us what is right and wrong. Out of love, God gave the Ten Commandments to the people of Israel and to us. Following the commandments helps people stay close to God.

The Ten Commandments are divided into the two parts of the Great Commandment. The first three commandments show us how we are to love God. The last seven show us how to love ourselves and others. When Jesus told the man he was right, he was telling him and us that the commandment of love is the greatest.

The Ten Commandments show us how to live as God wants us to live. They tell us how to love God, ourselves, and others. They show us the way to real happiness and eternal life.

❓ **What was Jesus trying to tell the man?**

❓ **When does following a commandment make you happy?**

Faith at Home

Read the scripture story with your family members. Discuss responses to the questions. Talk about situations in the family, school, or work where family members have to follow laws and rules. Talk about the positive results when everyone follows the laws or rules. Discuss how you as a family can live the Great Commandment.

Share

Role-play   With a partner or in a small group, brainstorm ways that young people today keep the Great Commandment. Plan a role-play about one of them, showing how a young person makes a choice to follow the commandment.

El examen de conciencia

RECORDEMOS Remember

SIGNOS DE FE

Preceptos de la Iglesia

Los **preceptos de la Iglesia** son leyes útiles hechos por la Iglesia. Nos ayudan a saber las cosas básicas que debemos hacer para crecer en el amor a Dios y al prójimo. En la página 142 aparece una lista de los preceptos.

Enfoque en la fe

¿Qué sucede durante el examen de conciencia?

Cuando nos preparamos para recibir el sacramento de la reconciliación, examinamos nuestra conciencia. Así como Dios nos da el don del libre albedrío, nos da también el don de la conciencia. La **conciencia** nos ayuda a reconocer la diferencia entre lo correcto y lo incorrecto, entre el bien y el mal. Nos ayuda también a saber si algo que hicimos fue bueno o malo. Reforzamos nuestra conciencia cuando rezamos por orientación y aplicamos las enseñanzas de Jesús a la toma de nuestras decisiones. Esto ayuda a que nuestra conciencia nos conduzca por la senda correcta.

Éstas son algunas de las preguntas que nos hacemos durante el **examen de conciencia**:

- ¿Viví como Jesús quiere que viva?

- ¿Fui a misa el domingo?

- ¿Amé a mi familia y le mostré respeto a todos sus miembros?

- ¿Compartí mi tiempo y mis cosas con los demás?

- ¿Dije la verdad, devolví lo que no es mío y traté a la gente de manera justa?

The Examination of Conscience

SIGNS OF FAITH

Precepts of the Church

Precepts of the Church are helpful laws made by the Church. They help us know the basic things we must do to grow in love of God and neighbor. A list of the precepts is on page 143.

Faith Focus

What happens during the examination of conscience?

When we prepare to receive the Sacrament of Reconciliation, we examine our conscience. Just as God gives us the gift of free will, he also gives us the gift of conscience. **Conscience** helps us know the difference between right and wrong, good and evil. It also helps us know whether something we already did was right or wrong. We strengthen our conscience when we pray for guidance and apply Jesus' teachings to our decision-making. Doing this helps our conscience point us in the right direction.

Here are some questions we ask ourselves during the **examination of conscience**:

- Did I live as Jesus wants me to?

- Did I go to Mass on Sunday?

- Did I love and respect my family members?

- Did I share my time and possessions with others?

- Did I tell the truth, return others' belongings, and treat people fairly?

Escuchamos la Palabra de Dios

Cuando examinamos nuestra conciencia, podemos usar la Sagrada Escritura. A menudo, escuchamos la Sagrada Escritura durante la celebración del sacramento de la reconciliación. Cuando recibimos el sacramento individualmente, el sacerdote puede leer la Sagrada Escritura o puede pedirnos que leamos nosotros uno de sus relatos.

Cuando celebramos el sacramento con la comunidad, comenzamos con una celebración de la Palabra de Dios. Escuchamos una o más lecturas y el sacerdote da una homilía. Las lecturas y la homilía nos ayudan a escuchar la voz de Dios. Nos recuerdan que Dios quiere perdonarnos.

Después de la homilía, hay un período de silencio en el que pensamos devotamente en nuestra vida.

? **¿Qué relato de la Sagrada Escritura escogerás para tu examen de conciencia?**

La fe en el hogar

Comparte el relato de la Sagrada Escritura que escogiste con los miembros de tu familia. Pídeles que compartan un relato que ellos usarían. Sigue las pautas de la página 148 de este libro para realizar el examen de conciencia con tu familia.

We Listen to God's Word

When we examine our conscience, we can use Scripture. We often listen to Scripture during the celebration of the Sacrament of Reconciliation. When we receive the sacrament individually, the priest may read the Scripture. Or he may ask us to read a scripture story.

When we celebrate the sacrament with the community, we begin with a Celebration of the Word of God. We listen to one or more readings, and the priest gives a homily. The readings and homily help us hear God's voice. They remind us that God wants to forgive us.

After the homily there is a period of silence. We prayerfully think about our lives.

? **Which scripture story will you choose for your examination of conscience?**

Faith at Home

Share the scripture story you chose with family members. Ask them to share one that they might use. Using page 149 of this book, go over the guidelines for the examination of conscience with family members.

Demostrar amor

Responde

Crea un recordatorio En el siguiente espacio, escribe diez formas en que puedes seguir los mandamientos esta semana. Puedes usar un mandamiento más de una vez. Mantén la lista como recordatorio para la semana.

¿Cómo viviré los mandamientos?

1. Respetar a los demas
2. Ayudar al necesitado
3. Recadar el Bautizmo
4. Ser feliz
5. No involucrarme en cosas malas
6. Tener Paz en el hogar
7. Ir a misa
8. Leer la Biblia
9. Involucrarme en la
10. iglesia

Bendición final

Reúnanse y comiencen con la señal de la cruz.

Líder: El Señor dice siempre palabras de perdón y de amor. Pidámosle que nos abra la mente y el corazón a su amor.

Todos: Te rogamos, óyenos.

Líder: Enséñanos tus caminos, oh Señor, para que podamos cumplir tu ley.

Todos: Te rogamos, óyenos.

Líder: Ábrenos el corazón a tu Palabra, para que estemos cada vez más cerca de ti.

Todos: Te rogamos, óyenos.

🎼 *Pueden cantar un cántico.*

Showing Love

Respond

Create a reminder   In the space provided write ten ways you will keep the commandments this week. You can use a commandment more than once. Keep the list as a reminder for the week.

How I will live the Commandments

1. _____

2. _____

3. _____

4. _____

5. _____

6. _____

7. _____

8. _____

9. _____

10. _____

Closing Blessing

Gather and begin with the Sign of the Cross.

Leader: The Lord speaks words of forgiveness and love always. Let us ask him to open our minds and hearts to his love.

All: We pray you, hear us.

Leader: Teach us your ways, O Lord, that we may follow your commandments.

All: We pray you, hear us.

Leader: Open our hearts to your word, that we will learn to follow it and grow ever closer to you.

All: We pray you, hear us.

♪ *Sing together.*

Misericordia, Señor, show us your mercy, O Lord, hemos pecado, for we have sinned.

La fe en el hogar

Enfoque en la fe

- Nos preparamos para el sacramento de la reconciliación con un examen de conciencia para el cual usamos la Palabra de Dios.

- El Espíritu Santo nos guía en nuestro examen de conciencia.

- La conciencia nos ayuda a reconocer lo bueno de lo malo.

Enfoque del rito
Reverenciar la Palabra

La celebración se centró en reverenciar la Palabra. Honraron la Palabra de Dios inclinándose ante la Biblia o colocando la mano sobre ella, mientras el catequista oraba para que la Palabra de Dios los iluminara. Durante la semana, dedica un rato cada día a leer la Biblia. Si no tienes una Biblia, usa las historias de la Sagrada Escritura que están en tu libro.

Oración en familia

Dios Padre, gracias por darnos el don de la conciencia. Ayúdanos a ser miembros de nuestra familia nobles y bondadosos. Haznos una familia que te ama y que ama a todas las personas de nuestra vida. Amén.

Actúa

Compartan juntos En familia vean un vídeo, una película o un programa de televisión preferido. Después conversen sobre la forma en que los personajes viven o no el gran mandamiento. Luego pide a otros miembros de tu familia que compartan ejemplos de personas que conocen, que viven bien este mandamiento en su vida cotidiana.

Actúen juntos Pide a los miembros de tu familia que hagan juntos un examen de conciencia. Lee la lectura de la Sagrada Escritura de esta lección. Invita a los miembros de tu familia a mencionar ocasiones en que uno de ustedes vivió el gran mandamiento. Escoge una manera en que tu familia vivirá de acuerdo con este mandamiento la semana próxima. Concluye rezando juntos el padrenuestro.

Faith at Home

Faith Focus

- We prepare for the Sacrament of Reconciliation with an examination of conscience, using the word of God.

- The Holy Spirit guides us in examining our conscience.

- Conscience is the ability to know right from wrong.

Ritual Focus
Reverencing the Word

The celebration focused on Reverencing the Word. You honored God's word by bowing before the Bible or placing your hand on it, while the catechist prayed that God's word would enlighten you. During the week, spend some time each day reading from the Bible. If you do not have a Bible, use the scripture stories in your book.

Family Prayer

God, our Father, thank you for giving us the gift of conscience. Help us to be kind and helpful to one another. Make us a family that loves you and all the people in our lives. Amen.

Act

Share Together With your family, watch a favorite video, movie, or TV show. Afterward, discuss how the characters were or were not living the Great Commandment. Ask other family members to share examples of people they know who live this commandment in their daily lives.

Do Together Ask your family members to do an examination of conscience together. Read the scripture reading from this lesson. Invite family members to name times when one of you lived the Great Commandment. Decide one way your family will live out this commandment in the next week. Conclude by praying the Lord's Prayer together.

Nos reunimos

Procesión

Mientras cantan, caminen lentamente. Sigan a la persona que lleva la Biblia.

 Pueden cantar un cántico.

Líder: Oremos.

Hagan juntos la señal de la cruz.

Escuchamos

Líder: Padre amoroso, envíanos al Espíritu Santo para que nos abra los oídos y el corazón de manera que podamos escuchar tu Palabra y nos llene del valor para vivirla. Te lo pedimos por Jesucristo, nuestro Señor.

Todos: Amén.

Líder: Lectura del santo Evangelio según san Lucas.

Todos: Gloria a ti, Señor.

Líder: *Lean Lucas 7:36–38, 44–48, 50.* Palabra del Señor.

Todos: Gloria a ti, Señor Jesús.

Siéntense en silencio.

CHAPTER 4

We Are Sorry

We Gather

Procession

As you sing, walk forward slowly. Follow the person carrying the Bible.

 Sing together.

Remember your love and
   your faithfulness, O Lord.
Remember your people and
   have mercy on us, Lord.

Leader: Let us pray.

Make the Sign of the Cross together.

We Listen

Leader: Loving Father, send us the Holy Spirit to open our ears and hearts that we may hear your word and be filled with the courage to live it. We ask this through Jesus Christ our Lord.

All: Amen.

Leader: A reading from the holy Gospel according to Luke.

All: Glory to you, O Lord.

Leader: *Read Luke 7:36–38, 44–48, 50.* The Gospel of the Lord.

All: Praise to you, Lord Jesus Christ.

Sit silently.

Enfoque del rito: Examen de conciencia y oración del penitente

Líder: La mujer pecadora mostró arrepentimiento. Pensemos en algo de lo que nos arrepentimos.

Durante este momento de silencio, usa estas preguntas para examinar tu conciencia.

¿He amado y honrado a Dios?

¿He santificado el domingo?

¿He obedecido a mis padres?

¿He compartido con los demás?

¿Soy amable con los demás?

¿He dicho la verdad?

Arrodillémonos y recemos la oración del penitente.

Todos: Dios mío, me arrepiento de todo corazón de todo lo malo que he hecho y de todo lo bueno que he dejado de hacer, porque pecando te he ofendido a ti, que eres el sumo bien y digno de ser amado sobre todas las cosas. Propongo firmemente, con tu gracia, cumplir la penitencia, no volver a pecar y evitar las ocasiones de pecado. Perdóname, Señor, por los méritos de la pasión de nuestro salvador Jesucristo. Amén.

Pónganse de pie.

Evangelicemos

Líder: Dios, nuestro Señor, tú conoces todas las cosas. Queremos ser más generosos al servirte. Míranos con amor y escucha nuestra oración.

Todos: Amén.

🎵 *Pueden cantar el cántico de entrada.*

Ritual Focus: Examination of Conscience and Act of Contrition

Leader: The sinful woman showed sorrow. Let us think about what we are sorry for.

Use these questions to examine your conscience.

Did I love and honor God?

Did I keep Sunday as a holy day?

Did I obey my parents?

Did I share with others?

Was I kind to others?

Did I tell the truth?

Let us now kneel and pray the Act of Contrition.

All: My God, I am sorry for my sins with all my heart. In choosing to do wrong and failing to do good, I have sinned against you, whom I should love above all things. I firmly intend, with your help, to do penance, to sin no more, and to avoid whatever leads me to sin. Our Savior Jesus Christ suffered and died for us. In his name, my God, have mercy. Amen.

Stand.

We Go Forth

Leader: Lord, our God, you know all things. We want to be more generous in serving you.

All: Amen.

🎵 *Sing the opening song together.*

Pesar por los pecados

CELEBREMOS Celebrate

SIGNOS DE FE

Arrodillarse

Arrodillarse es una forma de rezar con nuestro cuerpo. Cuando nos ponemos de rodillas, le estamos diciendo a Dios que Él es importante para nosotros. Dependemos de Él. Arrodillarse es también una forma de decir que nos arrepentimos de nuestros pecados y que queremos que nos perdone. Es una oración de **penitencia**.

Reflexiona

Examen de conciencia y oración del penitente   Escribe un párrafo acerca de la celebración. Incluye cómo te sentiste cuando examinaste tu conciencia y te arrodillaste para la oración del penitente. En las últimas dos oraciones, di algo que hayas aprendido acerca de Dios, de ti mismo o de la Iglesia en esta celebración.

Aprendi que Dios siempre esta a mi lado. Teniendo fé en el, me traira Paz y felicidad a mi vida que es lo mas importante

Sorrow for Sin

Kneeling

Kneeling is a way we pray with our bodies. When we get on our knees, we are telling God that he is important to us. We depend on him. Kneeling is also a way of saying we are sorry for our sins and we want to be forgiven. It is a prayer of **penitence**.

Reflect

Examination of Conscience and Act of Contrition   Write a paragraph about the celebration. Include how you felt as you examined your conscience and knelt for the Act of Contrition. In your last two sentences, tell something you learned about God, yourself, or the Church in this celebration.

_____

_____

_____

_____

_____

_____

_____

_____

_____

Pedir perdón

Cuando no somos bondadosos con nuestros amigos o nuestra familia, causamos daño a nuestra amistad con ellos. Nos sentimos apenados o tristes. Deseamos no haber actuado de esa manera. Queremos hacer bien las cosas. Les decimos que nos arrepentimos por lo que hicimos. Prometemos no volverlo a hacer. Nos reconciliamos.

Cuando pecamos, hacemos cosas que causan daño a nuestra amistad con Dios y con los demás. Cuando examinamos nuestra conciencia, rezamos al Espíritu Santo. El Espíritu Santo nos ayuda a recordar cuánto nos ama Dios. Recordamos el buen amigo que es Jesús. Pensamos en las formas en que hemos herido nuestra amistad con Dios y con los demás. El Espíritu Santo nos ayuda a arrepentirnos de nuestros pecados. El Espíritu Santo nos ayuda a decir a Dios y a los demás: "Estoy arrepentido. Por favor, perdóname".

SIGNOS DE FE

Contrición

Contrición es sentir pesar por los pecados. Hay distintas clases de contrición. Una contrición perfecta es cuando nos arrepentimos de nuestros pecados porque hemos ignorado a Dios o nos hemos alejado de Él. A veces, nos arrepentimos porque amamos mucho a Dios.

Otras veces nos arrepentimos porque nos avergonzamos de lo que hicimos. Una contrición imperfecta es cuando nos arrepentimos de nuestros pecados por razones distintas a nuestro amor por Dios, como el miedo al castigo.

Ambos tipos de contrición son dones del Espíritu Santo. Debemos sentir pesar por nuestros pecados para recibir la gracia del sacramento.

Ask for Forgiveness

When we are unkind to our friends or our family, we hurt our friendship with them, and we feel sorrow or sadness. We wish we did not act that way. We want to make things right. We tell them we are sorry for what we did. We promise not do it again. We make up.

When we sin, we do things that hurt our friendship with God and others. When we examine our conscience, we pray to the Holy Spirit. The Holy Spirit helps us remember how much God loves us. We remember what a good friend Jesus is. We think about the ways we have hurt our friendship with God and others. The Holy Spirit helps us to be sorry for our sins. The Holy Spirit helps us say to God and to others. "I am sorry. Please forgive me."

SIGNS OF FAITH

Contrition

Contrition is sorrow for sin. There are different kinds of contrition. Perfect contrition is when we are sorry for our sins because we have ignored or turned away from God. Sometimes we're sorry because of how much we love God.

Other times we are sorry because we are ashamed of what we did. Imperfect contrition is when we are sorry for our sins for reasons other than our love for God, such as fear of punishment.

Both kinds of contrition are gifts of the Holy Spirit. We must have sorrow for our sins to receive the grace of the sacrament.

Los pecadores van a Jesús

Enfoque en la fe

¿De qué manera le dicen las personas a Jesús que están arrepentidas?

Cuando las personas oyeron la Buena Nueva de Jesús sobre el amor de Dios, se arrepintieron de sus pecados. Querían decirle a Jesús lo arrepentidos que estaban.

Sagrada Escritura

LUCAS 7:36–38, 44–48, 50

La mujer arrepentida

Simón, un fariseo, invitó a Jesús a cenar a su casa. Entonces Jesús fue a su casa y se sentó a la mesa.

Ahora, había una mujer pecadora en la ciudad que se enteró de que Él estaba comiendo en casa del fariseo. Llevando un frasco de alabastro lleno de perfume, se arrodilló a sus pies y, llorando, comenzó a lavarle los pies con sus lágrimas. Luego, le secó los pies con sus cabellos, los besó y ungió con el perfume.

Cuando el fariseo que había invitado a Jesús vio esto, se dijo a sí mismo: "Si este hombre fuese un profeta, se daría cuenta de quién y qué clase de persona es ésta que lo está tocando, de que ella es una pecadora".

Sinners Come to Jesus

Faith Focus

How do people tell Jesus they are sorry?

When people heard Jesus' good news about God's love, they were sorry for their sins. They wanted to tell him how sorry they were.

LUKE 7:36–38, 44–48, 50

A Woman Who Was Sorry

Simon, a Pharisee, invited Jesus to have dinner with him. So Jesus went to his home and reclined at the table.

Now there was a sinful woman in the city who learned that he was at the table in the house of the Pharisee. Bringing an alabaster flask of ointment, she knelt at his feet weeping and began to bathe his feet with her tears. Then she wiped them with her hair, kissed them, and anointed them with the ointment.

When the Pharisee who had invited him saw this he said to himself, "If this man were a prophet, he would know who and what sort of woman this is who is touching him, that she is a sinner."

Jesús le dijo a Simón: "Simón, tengo algo que decirte. Cuando vine a tu casa, no me diste agua para lavarme los pies. Pero esta mujer lavó mis pies con sus lágrimas y los secó con su cabello. No me recibiste con un beso, pero ella no dejó de besarme los pies. No ungiste mi cabeza con aceite, pero ella derramó sobre mis pies un perfume caro. Así que te digo, sus muchos pecados han sido perdonados. Ella demostró gran amor".

Entonces Jesús dijo a la mujer: "Tus pecados están perdonados. Tu fe te ha salvado. Vete en paz".

BASADO EN LUCAS 7:36–38, 44-48, 50

 ¿De qué manera le demostró la mujer a Jesús que estaba arrepentida de sus pecados?

 ¿Cómo le dices a Jesús que estás arrepentido?

La fe en el hogar

Lee el relato de la Sagrada Escritura con los miembros de tu familia. Comenten las respuestas a las preguntas. Hablen acerca de las distintas formas en que se puede decir "Me arrepiento".

Comparte

Escribe una plegaria En una hoja de papel aparte, escribe tu propia oración de pesar a Jesús.

Jesus said to Simon, "Simon, I have something to say to you. When I came into your home, you did not give me water to clean my feet. But this woman has washed my feet with her tears and dried them with her hair. You did not greet me with a kiss, but she has not stopped kissing my feet. You did not anoint my head with oil but she anointed my feet with expensive oil. So I tell you, her many sins have been forgiven. She has shown great love."

Then Jesus said to the woman, "Your sins are forgiven. Your faith has saved you. Go in peace."

BASED ON LUKE 7:36–38, 44-48, 50

? How did the woman show Jesus she was sorry for her sins?

? How do you tell Jesus you are sorry?

Share

Write a prayer On a separate piece of paper, write your own prayer of sorrow to Jesus.

La confesión del pecado

Penitente

Una persona que confiesa sus pecados en el sacramento de la penitencia se llama **penitente**.

Enfoque en la fe

¿Por qué confesamos nuestros pecados?

La mujer del relato de la Sagrada Escritura le demostró a Jesús que estaba arrepentida de sus pecados a través de sus acciones. En el sacramento de la reconciliación, la Iglesia nos da una forma maravillosa de mostrar pesar por nuestros pecados. El sacramento incluye cada uno de estos cuatro puntos.

- Admitimos que hemos hecho algo malo. Esto se llama **confesión**. Debemos confesar siempre nuestros pecados mortales antes de tomar la santa Comunión. Es bueno para nosotros confesar frecuentemente nuestros pecados veniales. La confesión siempre ayuda a que nuestra amistad con Dios se fortalezca.

- Decimos "Estoy arrepentido". Esto se llama **contrición**.

- Planeamos las cosas por anticipado, así, la próxima vez no actuaremos sin amor. Esto se llama firme propósito de enmienda.

- Hacemos o rezamos lo que el sacerdote nos ordena. Esto se llama hacer **penitencia**.

The Confession of Sin

Penitent

A person who confesses sin during the Rite of Penance is called a **penitent**.

Faith Focus

Why do we confess our sins?

The woman in the scripture story showed Jesus she was sorry for her sins through her actions. In the Sacrament of Reconciliation, the Church gives us a wonderful way to show our sorrow for our sins. The Sacrament includes each of these four things.

- We admit we have done something wrong. This is called **confession**. We must always confess our mortal sins before going to communion. It is good for us to confess our venial sins often. Confession always helps our friendship with God grow stronger.

- We say "I am sorry." This is called **contrition**.

- We plan so we will not act unlovingly the next time. This is called a firm purpose of amendment.

- We do the prayer or action the priest tells us to do. This is called doing a **penance**.

Pesar y penitencia

En el sacramento de la reconciliación, confesamos nuestros pecados al sacerdote. Al sacerdote se le llama **confesor**. Cuando escucha nuestra confesión, actúa como ministro de Dios. Hablamos con el sacerdote acerca de cómo podemos hacer bien las cosas.

Luego, el sacerdote nos da una penitencia. Una penitencia es una oración o acción que hacemos para demostrar que nos arrepentimos. La penitencia puede ser realizar un acto bueno relacionado con el pecado, tal como devolver la propiedad robada. También puede ser un acto que demuestre que deseamos cambiar, por ejemplo, ser amables. A menudo puede ser decir oraciones.

Cumplir la penitencia nos ayuda a asumir la responsabilidad de nuestras acciones. Nos hace pensar en cómo nuestras elecciones podrían causar daño a los demás.

Después de que aceptamos nuestra penitencia, rezamos una **oración del penitente**. La oración del penitente es una oración de pesar. Le decimos a Dios que estamos arrepentidos y que queremos ser mejores. Le pedimos a Dios que nos ayude a evitar la tentación.

❓ ¿Cómo nos ayuda la confesión?

La fe en el hogar

Comenta tu respuesta a la pregunta de esta página con los miembros de tu familia. Pídeles que expresen lo que piensan. Comenten qué diferencia hay entre alguien que sólo dice las palabras "Me arrepiento" y alguien que demuestra estar verdaderamente arrepentido. Pide a un miembro de tu familia que te ayude a aprender la oración del penitente de la página 64.

Sorrow and Penance

In the Sacrament of Reconciliation, we confess our sins to the priest. He is called the **confessor**. The priest acts as God's minister when he listens to our confession. We talk with the priest about how we can make things better.

Then the priest gives us a penance. A penance is a prayer or action that we do to show we are really sorry. The penance may be doing a good act connected to the sin, such as returning stolen property. It may also be an action that shows that we are willing to change, such as being kind. Often it is saying prayers.

Doing the penance helps us take responsibility for our actions. It reminds us to think about how our choices might hurt others.

After we accept our penance, we pray an **Act of Contrition**. The Act of Contrition is a prayer of sorrow. We tell God we are sorry and want to do better. We ask God to help us avoid temptation.

Faith at Home

Discuss your response to the question on this page with family members. Ask them to share their thoughts. Discuss what the difference is between someone just saying the words "I am sorry" and someone showing that they are really sorry. Ask a family member to help you learn the Act of Contrition on page 65.

❓ **How does confession help us?**

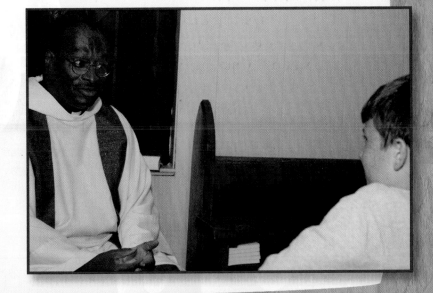

Demostrar pesar

Responde

Haz una tarjeta Piensa en alguien a quien necesitas decirle "Me arrepiento". Usa materiales de manualidades para hacer una tarjeta que exprese tu pesar. Usa el espacio de abajo para aportar ideas y esquematizar cómo quieres expresar tu pesar. Decide cómo y cuándo vas a entregar la tarjeta.

A mi mamá le quiero decir Me arrepiento, Sé que nos peleamos pero al fin del día yo te quiero mucho porque eres mi madre, la persona que me dio vida y quien yo amo y admiro

Bendición final

Reúnanse y comiencen con la señal de la cruz.

Líder: Señor, míranos y escucha nuestra oración. Danos fuerza para alejarnos del pecado.

Todos: Señor, escucha nuestra oración.

Líder: Ayúdanos a arrepentirnos de nuestros pecados y a cambiar para que podamos ser mejores discípulos de Jesús.

Todos: Señor, escucha nuestra oración.

Líder: Ayúdanos a confiar en tu bondad y a ser tus hijos e hijas generosos.

Todos: Señor, escucha nuestra oración.

🎵 *Pueden cantar un cántico.*

Showing Sorrow

Respond

Make a card   Think about someone to whom you need to say "I am sorry." Use art materials to make a card that expresses your sorrow. Use the space below to brainstorm and to outline how you want to express your sorrow. Decide how and when you will deliver the card.

Closing Blessing

Gather and begin with the Sign of the Cross.

Leader: Lord, look on us and hear our prayer. Give us strength to turn away from sin.

All: Lord, hear our prayer.

Leader: Help us to be sorry for our sins and to change so we can be better followers of Jesus.

All: Lord, hear our prayer.

Leader: Help us to trust in your goodness and to be your generous children.

All: Lord, hear our prayer.

🎶 *Sing together.*

Remember your love and your faithfulness, O Lord.
Remember your people and have mercy on us, Lord.

La fe en el hogar

Enfoque en la fe

- El Espíritu Santo nos ayuda a arrepentirnos de nuestros pecados.
- Sentir pesar por los pecados es una parte importante del sacramento de la reconciliación.
- Una penitencia es una oración o una acción que nos da el sacerdote para ayudarnos a demostrar que estamos realmente arrepentidos de lo que hemos hecho.

Enfoque del rito
Examen de conciencia y oración del penitente

La celebración se concentró en el examen de conciencia y la oración del penitente. Pasaron un momento de silencio pensando en sus propias acciones. Esta semana, pasa momentos de silencio con un miembro de la familia, y juntos usen las preguntas de la página 64 para repasar cada día. Empiece el momento de silencio con la oración al Espíritu Santo de la página 146.

Oración en familia

Padre amoroso, envíanos a tu Espíritu Santo para que nos ayude a comprender cuándo nuestras acciones causan daño a los miembros de nuestra familia. Danos la fuerza para decir a Dios y para decirnos los unos a los otros que estamos arrepentidos y que, en el futuro, seremos mejores. Te lo pedimos en el nombre de Jesús. Amén.

Actúa

Compartan juntos Todos nosotros usamos la palabra "Perdón". La usamos cuando tropezamos con alguien. La usamos cuando hemos lastimado a alguien. Comenten los significados diferentes de esta palabra. Pide a los miembros de tu familia que cuenten historias sobre cómo le han dicho a otras personas que están arrepentidos y qué sucedió después de que expresaron su pesar.

Actúen juntos Lee la oración del penitente de la página 64 con los miembros de tu familia. Comenten cada frase de la oración y compartan ejemplos de lo que significa cada frase. Luego, recen juntos la oración del penitente.

www.osvcurriculum.com
Visite nuestro sitio Web y encontrará lecturas semanales de la Sagrada Escritura y preguntas, recursos para la familia y otras actividades.

Faith at Home

Faith Focus

- The Holy Spirit helps us to be sorry for our sins.

- Sorrow for sin is a very important part of the Sacrament of Reconciliation.

- A penance is a prayer or action given by the priest that we do to show we are sorry for what we have done.

Ritual Focus
Examination of Conscience and Act of Contrition

The celebration focused on the examination of conscience and Act of Contrition. You spent quiet time thinking about your own actions. This week spend some quiet time with a family member, and together use the questions on page 65 to review each day. Begin your quiet time with the prayer to the Holy Spirit on page 147.

Family Prayer

Loving Father, send your Holy Spirit to help us understand when our actions hurt others in our family. Give us the strength to tell God and one another we are sorry and to do better in the future. We ask this in Jesus' name. Amen.

Act

Share Together All of us use the phrase "I'm sorry." It can mean many things. We use it when we bump into someone. We use it when we have hurt someone. We use it when we experience loss. We use it to respond to someone when they tell us something sad. Ask family members to discuss together all the different meanings of the words "I'm sorry." Have family members share stories of how they let people know they were sorry and what happened after they expressed their sorrow.

Do Together Read the Act of Contrition on page 65 with your family members. Discuss each phrase of the prayer and share examples of what each phrase means. Then pray the Act of Contrition together.

Recibimos el perdón

Nos reunimos

Procesión

Mientras cantan, caminen lentamente. Sigan a la persona que lleva la Biblia.

 Pueden cantar un cántico.

Líder: Oremos.

Hagan juntos la señal de la cruz.

Escuchamos

Líder: Padre bueno y bondadoso, tú, que siempre estás dispuesto a perdonarnos, envíanos al Espíritu Santo. Abre nuestro corazón y nuestro espíritu para que conozcamos tu amor compasivo. Te lo pedimos en el nombre de tu Hijo Jesús.

Lectura del santo Evangelio según san Lucas.

Lean Lucas 15:11–32.

Palabra del Señor.

Todos: Gloria a ti, Señor Jesús.

Siéntense en silencio.

CHAPTER 5

We Are Forgiven

We Gather

Procession

As you sing, walk forward slowly. Follow the person carrying the Bible.

 Sing together.

Children of God, in one
    family,
loved by God, in one family.
And no matter what we do
God loves me and God
    loves you.

© 1988, Christopher Walker.
Published by OCP Publications

Leader: Let us pray.

*Make the Sign of
the Cross together.*

We Listen

Leader: Good and gracious Father, you, who are always ready to forgive us, send us the Holy Spirit. Open our hearts and minds to know your forgiving love. We ask this in the name of your Son, Jesus.

A reading from the holy Gospel according to Luke.

Read Luke 15:11–32.

The Gospel of the Lord.

All: Praise to you, Lord Jesus Christ.

Sit silently.

Enfoque del rito: Oración por los candidatos

Líder: En el relato de la Sagrada Escritura, Jesús nos habló de un padre que amaba mucho a su hijo.

Acérquense a la mesa de oración.

[Nombre], Dios te ama y te perdonará siempre.

Candidato: Te alabamos Señor.

Líder: Pidámosle a Dios, nuestro Padre, que nos perdone y nos libre de todo mal.

Recen juntos el padrenuestro.

Evangelicemos

Líder: Que el Dios de la paz llene tu corazón con cada bendición. Que te fortalezca con el regalo de la esperanza. Que te conceda todo lo bueno.

Todos: Amén.

🎼 *Pueden cantar el cántico de entrada.*

Ritual Focus: Prayer over the Candidates

Leader: In the scripture story, Jesus told us a story about a father who loved his son very much.

Come forward to the prayer table

[Name], God loves you and will always forgive you.

Candidate: Thanks be to God.

Leader: Let us ask God, our Father, to forgive us and free us from evil.

Pray the Lord's Prayer together.

We Go Forth

Leader: May the God of peace fill your hearts with every blessing. May he strengthen you with the gift of hope. May he grant you all that is good.

All: Amen.

Sing the opening song together.

85

Reconciliación

SIGNOS DE FE

Imposición de las manos
Jesús usaba el gesto de imponer las manos sobre las personas cuando las bendecía o las curaba. En el sacramento de la reconciliación, el sacerdote extiende las manos o la mano sobre la cabeza del penitente mientras reza la oración del perdón.

Reflexiona

Oración por los candidatos   Piensa en la celebración y completa las siguientes oraciones con tus propios pensamientos y sentimientos.

Cuando la gente reza por mí

Me siento querido y que todo va estar bien

Cuando escucho las palabras "Dios te ama y siempre te perdonará"

Me siento Camo que nada en el mundo es mas grande y poderoso que el ama de dios

El padrenuestro me recuerda

Todo de lo que yo aprecio en la vida

Reconciliation

Laying on of Hands

SIGNS OF FAITH

Jesus used the gesture of laying hands on people when he was blessing or healing them. In the Sacrament of Reconciliation, the priest extends his hands or hand over the head of the penitent as he prays the prayer of forgiveness.

Reflect

Prayer over the candidates Think about the celebration, and complete the following statements with your own thoughts and feelings.

When people pray for me

_____

_____

When I heard the words "God loves you and will always forgive you"

_____

_____

_____

The Lord's Prayer reminds me

_____

_____

Reunidos de nuevo

Cuando no somos bondadosos con los demás, causamos daño a nuestra relación con ellos. Nuestros padres, abuelos, maestros u otros con autoridad confían en que nosotros los obedezcamos. Cuando los desobedecemos, se sienten desilusionados de nosotros.

A veces, hacemos cosas que dañan nuestra amistad con los demás y queremos enmendar el daño. Decimos "Perdón". Pero nosotros solos no podemos hacerlo. Las personas a las que desobedecemos o herimos tienen que perdonarnos. Cuando nos dicen "Te perdono", nos reunimos con ellos de nuevo. Nos reconciliamos. **Reconciliación** significa "reunir otra vez".

En el sacramento de la penitencia, Dios siempre está preparado para perdonarnos. Por el poder del Espíritu Santo, nos reconciliamos con Dios y con los demás.

SIGNOS DE FE

El cielo

Dios quiere que seamos uno con Él. Por eso nos perdona. Las personas que no confiesan los pecados mortales estarán alejadas de Dios para siempre. Dios quiere que seamos felices con Él para siempre en el cielo. Así que confesamos nuestros pecados y tratamos de crecer en santidad. Las personas que mueren en la amistad de Dios compartirán, finalmente, la alegría del cielo.

Brought Together Again

When we are unkind to others, we hurt our relationship with them. Our parents, grandparents, teachers, or others in authority trust us to obey them. When we disobey them, they are disappointed in us.

Sometimes we do things that hurt our friendship with others and we want to make it better. We say "I am sorry." But we cannot make it better all by ourselves. The people we disobey or hurt have to forgive us. When they say "I forgive you," we are one with them again. We are reconciled. **Reconciliation** means "to bring together again, or reunite."

In the Sacrament of Penance, God is always ready to forgive us. Through the power of the Holy Spirit, we are reconciled with God and one another.

SIGNOS DE FE

Heaven

God wants us to be one with him. This is why he forgives us. People who do not confess mortal sins will be separated from God forever. God wants us to be happy with him forever in heaven. So we confess our sins and try to grow in holiness now. People who die in God's friendship will eventually share in the joy of heaven.

89

Dios quiere perdonar

Enfoque en la fe
¿Qué nos dice Jesús acerca del perdón de Dios?

Jesús recibió a los pecadores. Comió y bebió con ellos. Los curó y les perdonó los pecados. También contó relatos para ayudar a las personas a entender cuánto quería perdonarlos Dios, su Padre. Una vez Jesús contó este relato:

Sagrada Escritura

LUCAS 15:11–24

El padre indulgente

Un hombre tenía dos hijos y el menor le dijo a su padre: "Padre, dame la parte que me corresponde de tu herencia". Entonces el padre dividió la propiedad entre sus hijos.

Luego de unos días, el hijo menor recogió sus pertenencias y se fue a un país lejano donde derrochó su herencia en tonterías. Cuando terminó de gastarlo todo, el hambre golpeó al país y él se encontró en la miseria.

Entonces se empleó con uno de los habitantes del lugar que lo envió a atender su granja de cerdos. Hubiera deseado llenarse el estómago con la comida que daban a los cerdos, pero nadie le daba algo. Finalmente recapacitó y se dijo: "¡Cuántos trabajadores de mi padre tienen más que suficiente para comer, y yo aquí estoy muriéndome de

God Wants to Forgive

What does Jesus tell us about God's forgiveness?

Jesus welcomed sinners. He ate and drank with them. He healed them and he forgave their sins. He also told stories to help the people understand how much God, his Father, wanted to forgive them. Jesus once told this story:

Scripture

LUKE 15:11–24

The Forgiving Father

A man had two sons, and the younger son said to his father, "Father, give me the share of your estate that should come to me." So the father divided the property between them.

After a few days, the younger son collected all his belongings and set off to a distant country where he squandered his inheritance on foolish things. When he had freely spent everything, a severe famine struck that country and he found himself in dire need.

So he hired himself out to one of the local citizens who sent him to his farm to tend the pigs. And he longed to eat his fill of the pods on which the swine fed, but nobody gave him any. Coming to his senses he thought, "How many of my father's hired workers have more than enough to eat,

hambre!". Me debo levantar e ir adonde mi padre y decirle: "Padre, he pecado contra Dios y contra ti. Ya no merezco ser llamado hijo tuyo. Trátame como a uno de tus asalariados".

Se levantó, pues, y regresó con su padre. Mientras el hijo estaba aún a bastante distancia, el padre lo vio y se llenó de compasión. Corrió hacia su hijo, lo abrazó y lo besó. Su hijo le dijo: "Padre, he pecado contra Dios y contra ti. Ya no merezco ser llamado hijo tuyo".

Pero su padre le dijo a sus sirvientes: "¡Rápido, traigan el mejor vestido y pónganselo; pongan un anillo en su dedo y sandalias en sus pies! Tomen el ternero más gordo y mátenlo. Luego celebraremos con un festín, porque este hijo mío estaba muerto y ha vuelto a la vida, estaba perdido y ha sido encontrado". Luego empezó la celebración.

BASADO EN LUCAS 15:11–24

❓ **¿Qué crees hará el padre?**

❓ **¿Qué te dice este relato acerca de Dios?**

La fe en el hogar

Lee el relato de la Sagrada Escritura con los miembros de tu familia. Comenten las respuestas a ambas preguntas. Hablen acerca de por qué, a veces, es difícil perdonar.

Comparte

Escribe un relato La historia de Jesús sobre el padre indulgente describe cómo es el perdón de Dios. Con un compañero o un grupo pequeño, escriban una historia actual que describa el perdón de Dios.

but here am I, dying from hunger. I shall get up and go to my father and I shall say to him. 'Father, I have sinned against heaven and against you. I no longer deserve to be called your son; treat me as you would treat one of your hired workers.'"

So he got up and went back to his father. While he was still a long way off, his father caught sight of him, and was filled with compassion. He ran to his son, embraced him, and kissed him. His son said to him, "Father, I have sinned against heaven and against you; I no longer deserve to be called your son."

But his father told the servants, "Quickly bring the finest robe and put it on him; put a ring on his finger and sandals on his feet. Take the fattened calf and slaughter it. Then let us celebrate with a feast, because this son of mine was dead, and has come to life again; he was lost, and has been found." Then the celebration began.

BASED ON LUKE 15:11–24

❓ **What do you think the father will do?**

❓ **What does this story tell you about God?**

Faith at Home

Read the scripture story with your family members. Discuss the responses to both questions. Talk about why forgiveness is sometimes difficult.

Share

Create a story Jesus' story of the Forgiving Father describes what God's forgiveness is like. With a partner or small group, create a modern-day story that describes God's forgiveness.

El sacramento del perdón

SIGNOS DE FE

Estola morada

Una **estola** es una vestimenta que el sacerdote usa cuando celebra los sacramentos. La estola es un signo de la obediencia del sacerdote a Dios y de su autoridad sacerdotal. Durante el sacramento de la reconciliación, el sacerdote usa una estola morada alrededor del cuello y sobre los hombros. El color morado es un signo de penitencia.

Enfoque en la fe

¿Cómo se perdonan los pecados en el sacramento de la reconciliación?

En el relato de la Sagrada Escritura, el hijo le dice a su padre lo que ha hecho mal y le pide perdón. El padre perdona al hijo y luego lo sorprende. Lo acepta de nuevo en la familia. El hijo está reconciliado.

Hay muchas formas de participar del perdón de Dios. Las formas más importantes están en los sacramentos, especialmente en el sacramento de la reconciliación. Este sacramento de la reconciliación hace exactamente lo que dice:

- Perdona nuestros pecados.
- Nos vuelve a reunir con Dios en amistad.
- Nos devuelve a la Iglesia y nos hace miembros más fuertes.
- Nos da paz.
- Sana nuestras relaciones.
- Nos hace uno con toda la creación.

The Sacrament of Forgiveness

Purple Stole

A **stole** is a vestment the priest wears when celebrating the sacraments. It is a sign of his obedience to God and his priestly authority. During the Sacrament of Reconciliation, the priest wears a purple stole around his neck and over his shoulders. The color purple is a sign of penance.

Faith Focus

How are sins forgiven in the Sacrament of Reconciliation?

In the scripture story, the son tells his father what he has done wrong and asks forgiveness. The father forgives the son and then surprises him. He brings him back into the family. The son is reconciled.

There are many ways we share in God's forgiveness. The most important ways are in the sacraments, especially the Sacrament of Reconciliation. The Sacrament of Reconciliation does just what it says:

- It forgives our sins.

- It brings us back together with God in friendship.

- It brings us back to the Church and makes us stronger members.

- It brings us peace.

- It heals our relationships.

- It makes us one with all creation.

95

Perdón y absolución

Dios perdona nuestros pecados en el sacramento de la reconciliación a través del ministerio del sacerdote. Confesamos nuestros pecados, aceptamos nuestra penitencia y rezamos la oración del penitente. Luego el sacerdote extiende las manos sobre nosotros y reza la oración del perdón:

"Dios, Padre misericordioso, que reconcilió al mundo consigo por la muerte y la resurrección de su Hijo y envió al Espíritu Santo para el perdón de los pecados, te conceda, por el ministerio de la Iglesia, el perdón y la paz. Y yo te absuelvo de tus pecados, en el nombre del Padre, del Hijo y del Espíritu Santo".

RITUAL DE LA PENITENCIA, 55

Ésta es la oración de **absolución**. *Absolución* significa "perdón". Recibimos el perdón de Dios a través de la Iglesia en el sacramento de la reconciliación.

? **¿Qué sucede en el sacramento de la reconciliación?**

confesamos nuestros
pecados y Dios nos
perdona atraves del
ministerio del sacerdote.

La fe en el hogar

Habla con los miembros de tu familia sobre los efectos del sacramento de la reconciliación de la página 94. Repasa tu respuesta a la pregunta de esta página con ellos. Pide a un miembro de la familia que repase contigo el rito de la reconciliación. Usa las páginas 134 y 136 de este libro.

Forgiveness and Absolution

God forgives our sins in the Sacrament of Reconciliation through the ministry of the priest. After we confess our sins, accept our penance, and pray an Act of Contrition, the priest extends his hands over us and prays this prayer of forgiveness:

> "God, the Father of mercies,
> through the death and resurrection of his Son
> has reconciled the world to himself
> and sent the Holy Spirit among us
> for the forgiveness of sins;
> through the ministry of the Church
> may God give you pardon and peace,
> and I absolve you from your sins
> in the name of the Father, and of the Son,
> and of the Holy Spirit."

RITE OF PENANCE, 55

This prayer is the prayer of **absolution**. *Absolution* means "forgiveness." We receive God's forgiveness through the Church in the Sacrament of Reconciliation.

? **What happens in the Sacrament of Reconciliation?**

Faith at Home

With your family members, talk about each of the effects of the Sacrament of Reconciliation on page 95. Review your response to the question on this page with them. Ask a family member to review the Rite of Reconciliation with you. Use pages 135 and 137 in this book.

Servimos a los demás

Responde

Sé indulgente   Piensa en alguien a quien necesitas perdonar. Escribe sobre lo que vas a hacer esta semana para demostrarle perdón.

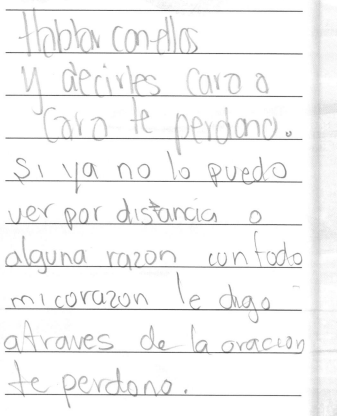

Hablar con ellos
y decirles cara a
cara te perdono.
Si ya no lo puedo
ver por distancia o
alguna razon con todo
mi corazon le digo
atraves de la oracion
te perdono.

Bendición final

Reúnanse y comiencen con la señal de la cruz.

Líder: Dios Padre, en tu bondad, perdona nuestros pecados.

Todos: Señor, escucha nuestra oración.

Líder: Jesús, nuestro Salvador, recíbenos y muéstranos tu misericordia.

Todos: Señor, escucha nuestra oración.

Líder: Espíritu Santo, llénanos con el regalo del perdón, para que podamos perdonar a los demás así como somos perdonados.

Todos: Señor, escucha nuestra oración.

Pueden cantar un cántico.

Serving Others

Respond

Be a forgiving person   Think of someone you need to forgive. Write what you will do to show him or her forgiveness this week.

_____

_____

_____

_____

_____

_____

_____

_____

_____

_____

Closing Blessing

Gather and begin with the Sign of the Cross.

Leader: God, our Father, in your goodness forgive us our sins.

All: Lord, hear our prayer.

Leader: Jesus, our Savior, welcome us and show us your mercy.

All: Lord, hear our prayer.

Leader: Holy Spirit, fill us with the gift of forgiveness, that we may forgive others as we are forgiven.

All: Lord, hear our prayer.

 Sing together.

Children of God in one family,
loved by God in one family.
And no matter what we do
God loves me and God
   loves you.

© 1988, Christopher Walker.
Published by OCP Publications

La fe en el hogar

Enfoque en la fe

- En el sacramento de la reconciliación, Dios siempre está dispuesto a perdonarnos.

- Dios quiere que seamos uno con Él. *Reconciliación* significa "reunir otra vez".

- Por el poder del Espíritu Santo y el ministerio del sacerdote, se nos perdonan nuestros pecados.

Enfoque del rito
Oración por los candidatos

La celebración se centró en el amor y el perdón de Dios. Dieron un paso adelante y el catequista extendió sus manos y rezó, recordándoles que Dios los ama y los perdona. Luego rezaron el padrenuestro. Cada día durante la semana, dedica un rato para rezar el padrenuestro lentamente y pensar en cada verso.

Oración en familia

Querido Dios, eres tan generoso en tu amor por nosotros. Siempre nos recibes cuando regresamos. Ayúdanos a ser generosos en nuestro perdón de los demás. Amén.

Actúa

Compartan juntos Lean todos juntos los tres relatos del Evangelio según san Lucas del Capítulo 15. Dedica unos minutos para explicar que Jesús contó estos relatos para demostrar cuánto ama Dios a los pecadores y cuánto quiere perdonarlos. Pide a miembros de la familia que compartan sus respuestas a las siguientes preguntas: ¿Qué nos dice Jesús acerca de Dios en estos relatos?¿Cuál de estos tres relatos te gustó más?¿Por qué?

Actúen juntos Compartan en familia algunas historias de experiencias individuales de cuando perdonaron a alguien o de cuando fueron perdonados. Hablen de cuándo es difícil perdonar a los demás. Lee Lucas 15:11–24. Escriban juntos una oración para pedir al Espíritu Santo que los ayude a ser compasivos los unos con los otros. Coloca la oración en un área de la casa en la que todos puedan verla durante la semana. Recen juntos la oración cuando se reúnan para comer, a la hora de dormir o antes de una reunión familiar.

Faith at Home

Faith Focus

- In the Sacrament of Reconciliation, God is always ready to forgive us.

- God wants us to be one with him. *Reconciliation* means "to bring together again, or reunite."

- Through the power of the Holy Spirit and the ministry of the priest, our sins are forgiven.

Ritual Focus
Prayer over the Candidates

The celebration focused on God's love and forgiveness. You came forward and the catechist extended his or her hands and prayed, reminding you that God loves and forgives you. Then you prayed the Lord's Prayer. Every day during the week, take the time to pray the Lord's Prayer slowly, and think about each verse.

Family Prayer

Dear God, You are so generous in your love for us. You always welcome us back. Help us to be generous in our forgiveness of others. Amen.

Act

Share Together Together read the three stories in Chapter 15 of the Gospel of Luke. Spend a few minutes explaining that Jesus told these stories to show how much God loves sinners and wants to forgive them. Have family members share their responses to the following questions: What is Jesus telling us about God in these stories? Which of the three stories do you like the best? Why?

Do Together As a family group, share some stories of times individual family members experienced being forgiven or forgiving someone else. Talk about times it is hard to forgive others. Prayerfully read Luke 15:11–24. Together write a prayer asking the Holy Spirit to help you to be forgiving to one another. Place the prayer in an area of your home where family members will see it during the next week. Pray the prayer together at appropriate times during the week, such as when you gather for meals, at bedtime, or before a family gathering.

GO online www.osvcurriculum.com
Visit our website for weekly scripture readings and questions, family resources, and more activities.

6

Evangelicemos

Nos reunimos

Procesión

Mientras cantan, caminen lentamente. Sigan a la persona que lleva la Biblia.

 Pueden cantar un cántico.

Líder: Oremos.

Hagan juntos la señal de la cruz.

Escuchamos

Líder: Padre amoroso, nos reunimos en tu presencia para recordar que somos tus hijos e hijas. Tú nos llamas a ser hijos e hijas de la luz. Abre nuestro corazón al Espíritu Santo para que comprendamos tu Palabra. Te lo pedimos por Jesucristo, nuestro Señor.

Todos: Amén.

Líder: Lectura del santo Evangelio según san Juan.

Todos: Gloria a ti, Señor.

Líder: *Lean Juan 20:19–23.*
Palabra del Señor.

Todos: Gloria a ti, Señor Jesús.

Siéntense en silencio.

CHAPTER 6

We Go Forth

We Gather

Procession

As you sing, walk forward slowly. Follow the person carrying the Bible.

 Sing together.

We're all coming back
    together
With our God and family.
We're all coming back
    together
Building the Kingdom for
    everyone.
Building the Kingdom for
    everyone.

© 2000 John Burland

Leader: Let us pray.

Make the Sign of the Cross together.

We Listen

Leader: Loving Father, we come together in your presence to remember that we are your children. You call us to be children of light. Open our hearts to the Holy Spirit that we will understand your word. We ask this through Jesus Christ our Lord.

All: Amen.

Leader: A reading from the holy Gospel according to John.

All: Glory to you, O Lord.

Leader: *Read John 20:19–23.* The Gospel of the Lord.

All: Praise to you, Lord Jesus Christ.

Sit silently.

Enfoque del rito: La aspersión del agua bendita y la señal de la paz

Líder: Jesús nos pide que perdonemos a los demás y que traigamos la paz al mundo. A través de nuestro bautismo y del sacramento de la reconciliación, se nos libera del pecado y del mal.

Todos: Amén.

Líder: *Asperja a los candidatos con agua.*
Ustedes han sido bautizados en Cristo y se les llama a traer su luz al mundo.

Todos: Amén. ¡Aleluya!

Líder: Démonos mutuamente la señal de la paz.

Dénse unos a otros la señal de la paz de Cristo.

Digan: "La paz del Señor esté contigo".

Respondan: "Y contigo".

Evangelicemos

Líder: Dios Padre, envíanos al Espíritu Santo, el dador de paz, para que podamos ir como un pueblo de paz y de perdón.

Todos: Te alabamos, Señor.

 Pueden cantar el cántico de entrada.

Ritual Focus: Sprinkling with Holy Water and the Sign of Peace

Leader: Jesus asks us to forgive others and to bring peace into the world. Through our Baptism and the Sacrament of Reconciliation, we are freed from sin and evil.

All: Amen

Leader: *Sprinkle the candidates with water.*
You have been baptized in Christ and called to bring his light to the world.

All: Amen. Alleluia!

Leader: Let us offer one another the Sign of Peace.

Offer one another a sign of Christ's peace.

Say: "The peace of the Lord be with you."

Answer: "And with your spirit."

We Go Forth

Leader: God, our Father, send us the Holy Spirit, the giver of peace, that we may go forth as a people of peace and forgiveness.

All: Thanks be to God.

🎵 *Sing the opening song together.*

Compartimos

SIGNOS DE FE

Aspersión del agua bendita

En algunas misas dominicales durante el año, el sacerdote camina por la iglesia y asperje a la asamblea con agua bendita. La aspersión nos recuerda nuestro bautismo. En el bautismo, Dios nos perdona y nos sana. Cuando el sacerdote hace la aspersión del agua, ésta toma el lugar del rito penitencial.

Reflexiona

La aspersión del agua bendita y la señal de la paz En la celebración escucharon las palabras "ustedes han sido bautizados en Cristo y son llamados a traer su luz al mundo". En un párrafo, describe lo que esas palabras significan para ti. Incluye un ejemplo de cómo traes la Luz de Cristo a los demás.

Me hace sentir llena
de amor y vida como
si he revivido otra vez

106

We Share

Sprinkling with Holy Water

At some Sunday Masses during the year, the priest walks through the church and sprinkles the assembly with holy water. The sprinkling reminds us of our Baptism. In Baptism, God forgives and heals us. When the priest does the sprinkling with water, it takes the place of the Penitential Act.

Reflect

Sprinkling with Holy Water and the Sign of Peace   In the celebration you heard the words "you have been baptized in Christ and you are called to bring his light to the world." In a paragraph, describe what those words mean for you. Include an example of how you bring Christ's light to others.

_____

_____

_____

_____

_____

_____

_____

_____

_____

_____

Nos reconciliamos

Cuando recibimos el sacramento de la reconciliación, crecemos y cambiamos. El sacramento de la reconciliación es un sacramento de **conversión**. *Conversión* significa "cambiar de una cosa a otra".

Cuando celebramos el sacramento de la reconciliación, nombramos las cosas que han destruido o han causado daño a nuestra relación con Dios y con los demás. Nos arrepentimos y queremos cambiar. Queremos alejarnos de las acciones que no nos permiten crecer como hijos e hijas de la luz. Para mostrar que queremos cambiar, aceptamos la penitencia que nos da el sacerdote.

Recibimos el perdón y la paz de Dios. Por la acción del Espíritu Santo, volvemos a ser uno con Dios y con los demás. Quedamos reconciliados y en paz.

SIGNOS DE FE

La señal de la paz

Durante la misa, antes de la santa Comunión, intercambiamos la señal de la paz con los demás. La señal de la paz es una acción sagrada. Es un signo de que somos uno en el Cuerpo de Cristo. Cuando nos damos mutuamente la señal de la paz, recordamos que todos somos uno.

We Are Reconciled

We grow and change when we celebrate the Sacrament of Reconciliation. The Sacrament of Reconciliation is a sacrament of **conversion**. *Conversion* means "to change or to move away from one thing and toward another."

When we celebrate the Sacrament of Reconciliation, we name the things that have broken or hurt our relationship with God and others. We are sorry and we want to change. We want to move away from the actions that keep us from growing as a child of light. We accept the penance the priest gives us to show that we want to change.

We receive God's forgiveness and peace. Through the action of the Holy Spirit, we are one again with God and others. We are reconciled and at peace.

SIGNS OF FAITH

Sign of Peace

During the Mass we exchange the Sign of Peace before Communion. The Sign of Peace is a sacred action. It is a sign that we are one in the Body of Christ. When we offer each other the Sign of Peace, we remember that we are all one.

Escuchar la Palabra de Dios

Enfoque en la fe
¿Qué envió Jesús a hacer a los discípulos?

Mientras Jesús estaba vivo, sus discípulos viajaban predicando y sanando en su nombre. Jesús Resucitado quería que llevaran a cabo su obra de sanación y perdón.

Sagrada Escritura

JUAN 20:19–23

Jesús se aparece a los discípulos

La noche de ese primer día de la semana los discípulos se encontraban encerrados en una habitación por miedo a los judíos. Entonces, Jesús vino y de pie en medio de ellos les dijo: "La paz esté con ustedes".

Dicho esto, les mostró sus manos y su costado. Los discípulos se alegraron cuando vieron al Señor.

Hear God's Word

What did Jesus send the disciples to do?

While he was alive, Jesus' disciples traveled, preaching and healing in his name. The Risen Jesus wanted his followers to continue to carry on his work of healing and forgiveness.

Scripture

JOHN 20:19–23

Jesus Appears to the Disciples

On the evening of that first day of the week, the disciples were in a room with locked doors, for fear of the Jews. Then, Jesus came and stood in their midst and said to them, "Peace be with you."

When he had said this, he showed them his hands and his side. The disciples rejoiced when they saw the Lord.

Jesús volvió a decir: "La paz esté con ustedes. Así como el Padre me envió a mí, así los envío yo también".

Y cuando dijo esto, sopló sobre ellos y les dijo: "Reciban al Espíritu Santo".

"… a quienes perdonen de sus pecados, les serán perdonados; y a quienes se los retengan, les serán retenidos".

BASADO EN JUAN 20:19–23

? **¿A qué envía Jesús a los discípulos a hacer?**

? **¿Cómo muestras perdón y paz a los demás?**

La fe en el hogar

Lee el relato de la Sagrada Escritura con los miembros de la familia. Comenten las respuestas a las preguntas. Hablen de por qué el perdón trae paz. Usen ejemplos de su vida en familia.

Comparte

Escribe eslóganes Con un compañero o un grupo pequeño, escribe eslóganes acerca de vivir como personas indulgentes y reconciliadoras. Escribe tu eslogan en una hoja grande de papel y cuélgala en un lugar visible.

Jesus said to them again, "Peace be with you. As the Father has sent me, so I send you."

And when he said this, he breathed on them and said to them, "Receive the Holy Spirit."

"Whose sins you forgive are forgiven them, and whose sins you retain are retained."

BASED ON JOHN 20:19–23

? **What is Jesus sending the disciples to do?**

? **How do you show forgiveness and peace to others?**

Faith at Home

Read the scripture story with your family members. Discuss your responses to the questions. Talk about ways forgiveness brings peace. Use examples from your family's life together.

Share

Write slogans With a partner or a small group, create slogans about living as forgiving and reconciling people. Write your slogan on a large sheet of paper and hang it in a conspicuous place.

Proclamación de alabanza y despedida

Obispos y sacerdotes

De una manera especial, la Iglesia continúa la misión de perdón y reconciliación de Jesús a través del ministerio de los obispos y de los sacerdotes. Al igual que los Apóstoles, los obispos y los sacerdotes recibieron de Jesús la autoridad de absolver a la gente de sus pecados. Ellos nos enseñan a vivir de acuerdo con la misión de la reconciliación.

Enfoque en la fe

¿Cómo compartimos la reconciliación con los demás?

Jesús quería que sus discípulos supieran que estaban perdonados. Quería que estuvieran en paz. Él también quería que supieran que tenían un trabajo especial, una misión. Quería que llevaran perdón y paz a los demás, así como Él lo hizo. Los llamó a ser reconciliadores.

Hoy la Iglesia continúa la misión de la reconciliación. Nosotros somos reconciliadores cuando:

- perdonamos a los demás

- pedimos perdón

- somos justos con los demás

- actuamos con amabilidad

- compartimos lo que tenemos con aquellos que no tienen

- respetamos a todas las personas porque son hijos e hijas de Dios

La misión de la reconciliación no siempre es fácil. El Espíritu Santo nos da fuerza y valor para llevarla a cabo.

Proclamation of Praise and Dismissal

Bishops and Priests

In a special way the Church continues Jesus' mission of forgiveness and reconciliation through the ministry of priests and bishops. Like the Apostles, bishops and priests receive from Jesus the authority to absolve people from their sins. They teach us how to live out the mission of reconciliation.

Faith Focus

How do we share reconciliation with others?

Jesus wanted his disciples to know they were forgiven. He wanted them to be at peace. He also wanted them to know they had a special job, a mission. He was sending them to make the world a better place. He wanted them to bring forgiveness and peace to others just as he did in his life. He was calling them to be reconcilers.

The Church continues the mission of reconciliation today. We are reconcilers when we:

- forgive others
- ask for forgiveness
- are fair to others
- act with kindness
- share what we have with those who do not have
- respect all people because they are God's children

The mission of reconciliation is not always easy, but the Holy Spirit gives us strength and courage to carry it out.

Evangelicen

Al finalizar la celebración de la reconciliación, alabamos a Dios por su maravilloso regalo del perdón y la reconciliación.

Después de la oración de absolución, el sacerdote dice: "Den gracias al Señor, porque Él es bueno". Nosotros respondemos: "Porque es eterna su misericordia". Luego, el sacerdote nos despide con ésta o una bendición similar:

"Demos gracias al Señor porque es bueno. Porque es eterna su misericordia. El Señor te ha perdonado tus pecados. Vete en paz".

RITUAL DE LA PENITENCIA, 47

Nuestros pecados son perdonados en el sacramento de la reconciliación. El Espíritu Santo permanece con nosotros para ayudarnos a crecer y a parecernos más a Jesús. Este es un don maravilloso. Queremos contárselo al mundo. La mejor manera de poder hacerlo es siendo signos vivientes del perdón y de la reconciliación de Dios para los demás.

> **La fe en el hogar**
>
> Revisa tu respuesta a la pregunta con los miembros de tu familia e invítalos a ofrecer sus respuestas. Repasa el significado de la reconciliación de la página 126 de este libro.

? **¿Qué puedes hacer para ser un signo viviente del perdón y de la misericordia de Dios?**

Go Forth

At the end of the celebration of Reconciliation, we give praise to God for his wonderful gift of forgiveness and reconciliation.

After the prayer of absolution, the priest says, "Give thanks to the Lord, for he is good." We respond, "His mercy endures for ever." Then the priest sends us forth. He says this or a similar blessing:

> "Go in peace,
> and proclaim to the world
> the wonderful works of God
> who has brought you salvation."

RITE OF PENANCE, 47

Our sins are forgiven in the Sacrament of Reconciliation. The Holy Spirit remains with us to help us grow and become more like Jesus. This is such a great gift. We want to tell the world about it. The best way we can do that is to be living signs of God's forgiveness and reconciliation to others.

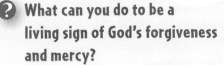
What can you do to be a living sign of God's forgiveness and mercy?

Faith at Home

Review your response to the question with family members and then invite others to share. Go over the meaning of reconciliation on page 127 in this book.

Soy reconciliador

Responde

Llena los círculos En cada uno de los círculos en blanco, escribe una manera en que serás reconciliador esta semana.

Perdonar a los demas

Soy reconciliador.

Respetando a mi projimo y amando a mi familia

Bendición final

Reúnanse y comiencen con la señal de la cruz.

Líder: Dios y Padre de todos nosotros, perdona nuestros pecados.

Todos: Gracias por tu perdón.

Líder: Jesús, nuestro Salvador, dános el don de la paz.

Todos: Gracias por tu paz.

Líder: Espíritu Santo, dános tu fuerza y tu valor.

Todos: Gracias por tu fuerza y tu valor.

🎼 *Pueden cantar un cántico.*

Being a Reconciler

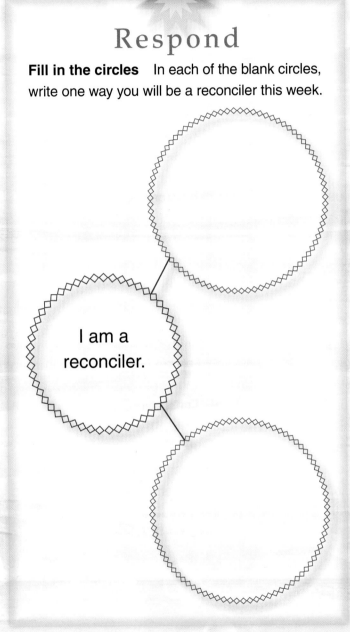

Respond

Fill in the circles In each of the blank circles, write one way you will be a reconciler this week.

I am a reconciler.

Closing Blessing

Gather and begin with the Sign of the Cross.

Leader: God and Father of us all, forgive our sins.

All: Thank you for your forgiveness.

Leader: Jesus, our Savior, give us the gift of peace.

All: Thank you for your peace.

Leader: Holy Spirit, give us your strength and courage.

All: Thank you for your strength and courage.

🎼 *Sing together.*

We're all coming back together
With our God and family.
We're all coming back together
Building the Kingdom with
everyone.
Building the Kingdom with
everyone.

© 2000 John Burland

119

La fe en el hogar

Enfoque en la fe

- El sacramento de la reconciliación es un sacramento de conversión.

- La misión de la reconciliación es llevar perdón y paz a los demás.

- El Espíritu Santo permanece con nosotros para ayudarnos a crecer y a parecernos más a Jesús.

Enfoque del rito
La aspersión del agua bendita y la señal de la paz

La celebración se centró en traer la luz y la paz de Cristo al mundo. Fueron asperjados con agua y se dieron la señal de la paz unos a otros. Durante la semana, ten presente situaciones en las que puedes llevar la paz a los demás.

Oración en familia

Dios amoroso, te damos gracias y te alabamos por el don de tu misericordia y de tu perdón. Ayúdanos a salir y a divulgar la palabra de tu amor a todos los que conozcamos. Enséñanos a ser reconciliadores en nuestra familia y con nuestros amigos. Amén.

Actúa

Compartan juntos Pide a los miembros de tu familia que compartan sus mejores experiencias sobre el sacramento de la reconciliación. Lee Juan 20:19–23, y comenten cómo se deben haber sentido los discípulos cuando Jesús se les apareció después de la Resurrección. Él sólo dijo —La paz esté con ustedes. Invita a los miembros de tu familia a compartir cualquier historia o recuerdo de gente que ellos conozcan que hayan perdonado como lo hizo Jesús. Concluyan con la oración a san Francisco de Asís de la página 146 de este libro.

Actúen juntos Durante la próxima semana, reúnanse cada día a la hora de la comida, antes de acostarse o antes de alguna actividad en la noche. Enciendan una vela. (Éste es un buen momento para encender tu vela bautismal.) Recen esta oración: "Hemos sido bautizados en Cristo y se nos llama a traer su luz al mundo". Después pide a los miembros de tu familia que cuenten de qué manera han sido una luz para alguien durante el día. Juntos, recen la oración al Espíritu Santo de la página 146 de este libro.

APRENDE en línea
www.osvcurriculum.com
Visite nuestro sitio Web y encontrará lecturas semanales de la Sagrada Escritura y preguntas, recursos para la familia y otras actividades.

Faith at Home

Faith Focus

- The Sacrament of Reconciliation is a sacrament of conversion.

- The mission of reconciliation is to bring forgiveness and peace to others.

- The Holy Spirit remains with us to help us grow and become more like Jesus.

Ritual Focus
Sprinkling with Holy Water and the Sign of Peace

The celebration focused on bringing Christ's light and peace into the world. You were sprinkled with water and extended a Sign of Peace to one another. During the week, be aware of situations where you can bring peace to others.

Family Prayer

Gracious God, we give you thanks and praise for the gifts of your mercy and forgiveness. Help us to go out and spread the word of your love to those we meet. Show us how to be reconcilers in our family and with our friends. Amen.

Act

Share Together Have family members share their best experiences of the Sacrament of Reconciliation. Read John 20:19–23, and discuss how the disciples must have felt when Jesus appeared to them after the Resurrection. He just says "Peace be with you." Invite family members to share any stories or memories of people they know who forgive like Jesus did. Conclude the sharing with the Prayer of Saint Francis on page 147 of this book.

Do Together For the next week, gather at an appropriate time each day such as at mealtime, before bedtime, or before an evening activity. Light a candle. (This might be a good time to burn your Baptismal candle.) Pray this prayer: We have been baptized in Christ and are called to bring his light to the world. Then have family members share one way they were a light to someone during the day. Together, pray the Prayer to the Holy Spirit on page 147 of this book.

GO online **www.osvcurriculum.com**
Visit our website for weekly Scripture readings and questions, family resources, and more activities.

Palabras de fe

absolución El perdón de los pecados que recibimos de Dios a través de la Iglesia en el sacramento de la reconciliación.

agua bendita El agua bendecida por un sacerdote con un fin religioso.

bautismo El sacramento que nos hace hijos e hijas de Dios y miembros de la Iglesia. Quita el pecado original y todos los pecados personales y nos hace templos del Espíritu Santo.

celebración comunitaria En una celebración comunitaria, la asamblea se reúne para rezar y escuchar la Palabra de Dios. Luego, cada penitente confiesa sus pecados a solas con el sacerdote, recibe una penitencia y se le absuelve.

celebración individual
En una celebración individual, el penitente se reúne con el sacerdote en el confesionario. El penitente confiesa sus pecados al sacerdote, recibe una penitencia y se le absuelve.

cirio pascual Vela que se bendice en la Vigilia Pascual y arde durante las misas del tiempo de Pascua. También arde en los bautismos y en los funerales a lo largo del año.

conciencia Don de Dios que nos ayuda a reconocer la diferencia entre el bien y el mal. También nos ayuda a reconocer si algo que ya hicimos estuvo correcto o incorrecto.

confesión Contarle nuestros pecados a un sacerdote en el sacramento de la reconciliación. Lo que confesamos al sacerdote es secreto.

confesionario Una habitación o una capilla donde el confesor o sacerdote escucha la confesión de los pecados del penitente. La habitación tiene generalmente sillas, un reclinatorio, una mesa para la Biblia y una vela. También se puede usar una cortina corrediza para separar al sacerdote del penitente.

confesor Un sacerdote que actúa como ministro de Dios cuando escucha nuestra confesión.

contrición Pesar por los pecados y deseo de mejorar. La contrición es el primer paso hacia el perdón. Como parte del sacramento de la reconciliación, rezamos el acto de contrición o la oración del penitente.

conversión Un sincero cambio de pensamiento, voluntad y corazón para alejarnos del pecado y acercarnos a Dios. El sacramento de la reconciliación es un sacramento de conversión.

estola Una vestimenta que el sacerdote usa alrededor del cuello cuando celebra el sacramento de la reconciliación.

examen de conciencia Una forma devota de analizar nuestra vida a la luz de los diez mandamientos, las bienaventuranzas, la vida de Jesús y las enseñanzas de la Iglesia. Nos ayuda a saber si lo que hemos hecho está correcto o incorrecto.

G

gracia Una participación en la propia vida de Dios.

pecado La elección de desobedecer a Dios. El pecado es una elección deliberada, no un error ni un accidente. Aceptamos el perdón amoroso de Dios por nuestros pecados cuando mostramos con nuestro arrepentimiento, nuestra voluntad de mejorar.

pecado mortal Un pecado grave que nos separa de la vida de Dios.

pecado original El nombre que damos al primer pecado de los seres humanos. Por haber desobedecido a Dios y haberse alejado de su amistad, el pecado original se transmite a todos nosotros.

pecado venial Un pecado menos grave que debilita nuestra amistad con Dios.

penitencia Una oración o una buena acción con la que demostramos que estamos arrepentidos de nuestros pecados y queremos mejorar. En el sacramento de la reconciliación el sacerdote nos da una penitencia.

penitente La persona que confiesa sus pecados al sacerdote en el sacramento de la reconciliación.

preceptos de la Iglesia Leyes
de la Iglesia que nos ayudan
a saber qué debemos hacer
para crecer en el amor a Dios
y al prójimo.

sacramento Un signo eficaz que
proviene de Jesús y nos da la
gracia, una participación en la
vida de Dios.

sacramento de la penitencia Otra
manera de nombrar el sacramento
de la reconciliación.

reconciliación Regreso.

sacramento de la reconciliación
Sacramento del perdón mediante
el cual el pecador se reconcilia
con Dios y con la Iglesia.

sacerdote Un hombre que
se ordena para servir a Dios
y a la Iglesia celebrando los
sacramentos, predicando
y presidiendo la misa. El
sacerdote es el confesor o
ministro del sacramento de
la reconciliación. La estola
es un signo de la obediencia
del sacerdote a Dios y de su
autoridad sacerdotal.

Sagrada Escritura La palabra de Dios contenida en la Biblia. *Sagrada Escritura* significa "escrito santo". La Sagrada Escritura se usa para reflexionar sobre el amor y el perdón de Dios en el sacramento de la reconciliación. La Sagrada Escritura es proclamada por un lector en la misa, en una celebración comunitaria o en otras celebraciones litúrgicas.

Santísima Trinidad Las tres Personas en un Dios: Dios Padre, Dios Hijo y Dios Espíritu Santo.

Catholic Source Book

Words of Faith

absolution The forgiveness of sin that we receive from God through the Church in the Sacrament of Reconciliation.

Baptism The sacrament that makes the person a child of God and a member of the Church. It takes away original sin and all personal sin and makes the person a temple of the Holy Spirit.

communal celebration In a communal celebration, the assembly gathers to pray and hear God's word. Each penitent then confesses his or her sins to a priest, receives a penance, and is absolved individually.

confession Telling our sins to a priest in the Sacrament of Reconciliation. What we confess to the priest is private.

confessor A priest who acts as God's minister when he listens to our confession.

conscience God's gift which helps us know the difference between right and wrong. It also helps us recognize whether an action we already did was right or wrong.

contrition Sorrow for sins and a willingness to do better. Contrition is our first step toward forgiveness. As part of the Sacrament of Reconciliation, we pray an Act or Prayer of Contrition.

conversion A sincere change of mind, will, and heart away from sin and toward God. The Sacrament of Reconciliation is a sacrament of conversion.

examination of conscience A prayerful way of looking at our lives in light of the Ten Commandments, the Beatitudes, the life of Jesus, and the teachings of the Church. It helps us know whether what we have done is right or wrong.

grace A sharing in God's own life.

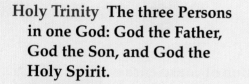

Holy Trinity The three Persons
in one God: God the Father,
God the Son, and God the
Holy Spirit.

holy water Water blessed by the
priest for a religious purpose.

individual celebration In
an individual celebration,
the penitent meets
with the priest in the
Reconciliation room. The
penitent confesses his
or her sins to the priest,
receives a penance, and is
absolved.

mortal sin A serious sin that
separates us from God's life.

original sin The name given to
the first sin of humans. Because
they disobeyed God and turned
away from his friendship, original
sin is passed to all of us.

Paschal candle A candle that is blessed at Easter Vigil and is burned during the Masses of the Easter season. It is also burned at Baptisms and funerals throughout the year.

Precepts of the Church Laws of the Church that help us know what we should do to grow in love of God and neighbor.

penance A prayer or good action that we do to show we are sorry for our sins and want to do better. In the Sacrament of Reconciliation, the priest gives us a penance.

priest A man who is ordained to serve God and the Church by celebrating the sacraments, preaching, and presiding at Mass. The priest is the confessor, or minister of the Sacrament of Reconciliation. The stole is a sign of the priest's obedience to God and of his priestly authority.

penitent The person who confesses his or her sins to the priest in the Sacrament of Reconciliation.

reconciliation A coming back together.

Reconciliation room A room or chapel in which the confessor, or priest, hears the penitent's confession of sins. The room is usually furnished with chairs, a kneeler, a table for the Bible, and a candle. A movable screen can also be used as a divider between the priest and the penitent.

sacrament An effective sign that comes from Jesus and gives us grace, a share in God's life.

Sacrament of Penance Another name for the Sacrament of Reconciliation.

Sacrament of Reconciliation A sacrament of forgiveness through which the sinner is reconciled with God and the Church.

Scriptures The word of God contained in the Bible. The word *Scripture* means "holy writing." Scripture is used for reflecting on God's love and forgiveness in the Sacrament of Reconciliation. Scripture is proclaimed by a lector or reader, at Mass, at a communal celebration, or in other liturgical celebrations.

 **sin** The choice to disobey God. Sin is a deliberate choice, not a mistake or accident. We accept God's loving forgiveness for our sins when we show by our sorrow that we are willing to do better.

stole A vestment the priest wears around his neck when celebrating the sacraments.

venial sin A less serious sin that weakens our friendship with God.

Celebración del sacramento

El rito comunitario de la reconciliación

Antes de celebrar el sacramento de la reconciliación, dedica tiempo a examinar tu conciencia. Reza por la ayuda del Espíritu Santo.

1. Ritos iniciales

Reúnete cantando el canto de entrada. El sacerdote saludará a la asamblea y te guiará en el canto de entrada.

2. Celebración de la Palabra de Dios

Escucha la Palabra de Dios. Puede haber más de una lectura, con un himno o un salmo entre ellas. La última lectura se tomará de uno de los evangelios.

3. Homilía

Escucha al sacerdote cuando te ayuda a entender el significado de la Sagrada Escritura.

4. Examen de conciencia, letanía y padrenuestro.

Después de la homilía, habrá un momento de silencio. El sacerdote puede guiar a la asamblea en un examen de conciencia. Lo seguirá una oración de confesión y una letanía o un canto. Luego, todos rezan juntos el padrenuestro.

5. Confesión individual, penitencia y absolución

Mientras esperas para hablar con el sacerdote, puedes rezar en silencio o unirte en un canto. Cuando sea tu turno, confiesa tus pecados al sacerdote. Él te hablará sobre cómo mejorar. Te dará una penitencia, extenderá la mano sobre tu cabeza y rezará la oración de absolución.

6. Proclamación de alabanza y despedida

Después de que todos se hayan confesado individualmente, únete en la oración o en una letanía de acción de gracias. El sacerdote o el diácono guiará la oración final y bendecirá a la asamblea. Luego despedirá a la asamblea.

Después de celebrar el sacramento, realiza tu penitencia cuanto antes.

Celebrating the Sacrament

The Communal Rite of Reconciliation

Before celebrating the Sacrament of Reconciliation, take time to examine your conscience. Pray for the Holy Spirit's help.

1. Introductory Rites

Join in singing the opening hymn. The priest will greet the assembly and lead you in the opening prayer.

2. Celebration of the Word of God

Listen to the word of God. There may be more than one reading, with a hymn or psalm in between. The last reading will be from one of the Gospels.

3. Homily

Listen as the priest helps you understand the meaning of the Scriptures.

4. Examination of Conscience, Litany, and the Lord's Prayer

After the homily there will be a time of silence. The priest may lead the assembly in an examination of conscience. This will be followed by a prayer of confession and a litany or song. Then everyone prays the Lord's Prayer together.

5. Individual Confession, Giving of Penance, and Absolution

While you wait to talk with the priest, you may pray quietly or join in singing. When it is your turn, confess your sins to the priest. He will talk to you about how to do better. He will give you a penance and extend his hands over your head and pray the prayer of absolution.

6. Proclamation of Praise and Dismissal

After everyone has confessed individually, join in the prayer or in singing a litany of thanksgiving. The priest or deacon will lead the closing prayer and bless the assembly. Then the priest or deacon will dismiss the assembly.

After celebrating the sacrament, carry out your penance as soon as possible.

El rito individual de la reconciliación

Antes de celebrar el sacramento de la reconciliación, dedica tiempo a examinar tu conciencia. Reza por la ayuda del Espíritu Santo.

Espera tu turno para entrar en el confesionario. Puedes elegir hablar con el sacerdote frente a frente o estar separado de él por una cortina.

1. Bienvenida

El sacerdote te recibirá y te invitará a hacer la señal de la cruz.

2. Lectura de la Palabra de Dios

El sacerdote puede leer o recitar un pasaje de la Biblia. Puede invitarte a que leas tú mismo la Sagrada Escritura.

3. Confesión de los pecados y penitencia

Le confiesas tus pecados al sacerdote. Él te hablará sobre cómo mejorar. Luego, te dará una penitencia.

4. Oración del penitente

Reza una oración del penitente.

5. Absolución

El sacerdote extenderá la mano sobre tu cabeza y rezará la oración de absolución. Cuando diga las últimas palabras, hará la señal de la cruz.

6. Proclamación de alabanza y despedida

El sacerdote y tú alaban a Dios por su misericordia y te envía en paz.

Después de celebrar el sacramento, realiza tu penitencia cuanto antes.

Recuerda que después de celebrar este sacramento por primera vez, debes recibirlo a menudo para fortalecer tu amistad con Dios. Recibimos el sacramento de la reconciliación antes de recibir por primera vez la santa Comunión. Se nos exige que, si hemos cometido algún pecado mortal, celebremos el sacramento de la reconciliación una vez por año. Si no hemos recibido el perdón por un pecado mortal, no podemos recibir la santa Comunión.

The Individual Rite of Reconciliation

Before celebrating the Sacrament of Reconciliation, take time to examine your conscience. Pray for the Holy Spirit's help.

Wait for your turn to enter the Reconciliation room. You may choose to meet with the priest face-to-face or be separated from the priest by a screen.

1. Welcome

The priest will welcome you and invite you to pray the Sign of the Cross.

2. Reading of the Word of God

The priest may read or recite a passage from the Bible. You may be invited by the priest to read the Scripture yourself.

3. Confession of Sins and Giving of Penance

You tell your sins to the priest. The priest will talk with you about how to do better. Then the priest will give you a penance.

4. Prayer of the Penitent

Pray an Act of Contrition.

5. Absolution

The priest will hold his hand over your head and pray the prayer of absolution. As he says the final words, he will make the Sign of the Cross.

6. Proclamation of Praise and Dismissal

You and the priest praise God for his mercy, and the priest sends you forth.

After celebrating the Sacrament, carry out your penance as soon as possible.

Remember, after you celebrate this sacrament for the first time, you should receive it often to strengthen your friendship with God. We receive the Sacrament of Reconciliation before we receive Holy Communion for the first time. We are required to celebrate the Sacrament of Reconciliation once a year, if we have committed mortal sin. We cannot receive Holy Communion if we have not received forgiveness for a mortal sin.

Fuentes de moral

El gran mandamiento

"Amarás al Señor tu Dios con todo tu corazón, con toda tu alma, con todas tus fuerzas y con toda tu mente; y amarás a tu prójimo como a ti mismo".

Lucas 10:27

El nuevo mandamiento

"Éste es mi mandamiento: Que se amen unos a otros como yo los he amado".

Juan 15:12

Amor a los enemigos

"Pero yo les digo: Amen a sus enemigos y recen por sus perseguidores, para que así sean hijos de su Padre que está en los Cielos".

Mateo 5:44–45

Las bienaventuranzas

"Felices los que tienen el espíritu del pobre, porque de ellos es el Reino de los Cielos.

Felices los que lloran, porque recibirán consuelo.

Felices los pacientes, porque recibirán la tierra en herencia.

Felices los que tienen hambre y sed de justicia, porque serán saciados.

Felices los compasivos, porque obtendrán misericordia.

Felices los de corazón limpio, porque verán a Dios.

Felices los que trabajan por la paz, porque serán reconocidos como hijos de Dios.

Felices los que son perseguidos por causa del bien, porque de ellos es el Reino de los Cielos".

Mateo 5:3–10

Sources of Morality

The Great Commandment

"You shall love the Lord your God with all your heart, and with all your soul, and with all your strength, and with all your mind; and your neighbor as yourself."

Luke 10:27

The New Commandment

"This is my commandment, that you love one another as I have loved you."

John 15:12

Love of Enemies

"But I say to you, Love your enemies and pray for those who persecute you, so that you may be children of your Father in heaven…."

Matthew 5:44–45

The Beatitudes

"Blessed are the poor in spirit,
    for theirs is the kingdom of heaven.

Blessed are those who mourn,
    for they will be comforted.

Blessed are the meek,
    for they will inherit the earth.

Blessed are those who hunger and thirst
      for righteousness,
    for they will be filled.

Blessed are the merciful,
    for they will receive mercy.

Blessed are the pure in heart,
    for they will see God.

Blessed are the peacemakers,
    for they will be called children of God.

Blessed are those who are persecuted for
      righteousness' sake,
    for theirs is the kingdom of heaven."

Matthew 5:3–10

Los diez mandamientos

1. Amarás a Dios sobre todas las cosas.	Que Dios sea lo más importante en tu vida, antes que cualquier otra cosa.
2. No tomarás el nombre de Dios en vano.	Respeta el nombre de Dios y las cosas santas. No uses malas palabras.
3. Santificarás las fiestas.	Participa en la misa los domingos y los días de fiesta de la Iglesia. Evita trabajar sin necesidad en esos días.
4. Honrarás a tu padre y a tu madre.	Obedece y muestra respeto a tus padres y a otras personas responsables de tu cuidado.
5. No matarás. No te lastimarás ni lastimarás a los demás.	Cuida todas las formas de vida. Evita enojarte, pelear y ser un mal ejemplo.
6. No cometerás actos impuros.	Muestra respeto por la vida matrimonial y familiar. Respeta tu cuerpo y el cuerpo de los demás.
7. No robarás.	Respeta la creación y las cosas que pertenecen a los demás. No hagas trampas. No tomes lo que no te pertenece. No dañes las cosas de los demás.
8. No dirás falso testimonio ni mentirás.	Di la verdad. No hables mal de los demás. No mientas ni dañes el buen prestigio de los demás.
9. No desearás la mujer de tu prójimo.	Sé fiel a tus familiares y amigos. No seas celoso. Evita los pensamientos y las acciones impuras.
10. No codiciarás los bienes ajenos.	Comparte lo que tienes. No envidies lo que tienen otras personas. No desees o anheles las cosas de otras personas.

The Ten Commandments

1. I am the Lord your God. You shall not have strange gods before me.	Put God first in your life before all things.
2. You shall not take the name of the Lord your God in vain.	Respect God's name and holy things. Do not use bad language.
3. Remember to keep holy the Lord's Day.	Take part in Mass on Sundays and holy days. Avoid unnecessary work on those days.
4. Honor your father and your mother.	Obey and show respect to parents and others who are responsible for you.
5. You shall not kill. Do not hurt yourself or others.	Take care of all life. Avoid anger, fighting, and being a bad example.
6. You shall not commit adultery.	Show respect for marriage and family life. Respect your body and the bodies of others.
7. You shall not steal.	Respect creation and the things that belong to others. Do not cheat. Do not take things that do not belong to you. Do not damage the property of others.
8. You shall not bear false witness against your neighbor.	Tell the truth. Do not gossip. Do not lie or hurt others' good reputation.
9. You shall not covet your neighbor's wife.	Be faithful to family members and friends. Do not be jealous. Avoid impure thoughts and actions.
10. You shall not covet your neighbor's goods.	Share what you have. Do not envy what other people have. Do not be greedy or desire other people's property.

Preceptos de la Iglesia

1. Participa en la misa los domingos y los días de fiesta de la Iglesia. Santifica estos días y evita trabajar sin necesidad.

2. Celebra el sacramento de la reconciliación al menos una vez al año si has cometido un pecado grave o mortal.

3. Recibe la santa Comunión al menos una vez al año durante el tiempo de Pascua.

4. Guarda ayuno y abstinencia en los días de penitencia.

5. Dona tiempo, ofrendas y dinero para apoyar a la Iglesia.

Obras de misericordia

Corporales (para el cuerpo)

Alimentar a los que tienen hambre.

Dar de beber a los que tienen sed.

Vestir a los que están desnudos.

Dar techo a quien no lo tiene.

Visitar a los enfermos.

Visitar a los presos.

Sepultar a los muertos.

Espirituales (para el espíritu)

Aconsejar a los pecadores.

Enseñar a los ignorantes.

Aconsejar a los que dudan.

Consolar a los que sufren.

Soportar las equivocaciones con paciencia.

Perdonar las ofensas.

Rezar por los vivos y por los muertos.

Precepts of the Church

1. Take part in the Mass on Sundays and holy days. Keep these days holy, and avoid unnecessary work.

2. Celebrate the Sacrament of Reconciliation at least once a year if you have committed a serious, or mortal, sin.

3. Receive Holy Communion at least once a year during Easter time.

4. Fast and abstain on days of penance.

5. Give your time, gifts, and money to support the Church.

Works of Mercy

Corporal (for the body)

Feed the hungry.
Give drink to the thirsty.
Clothe the naked.
Shelter the homeless.
Visit the sick.
Visit the imprisoned.
Bury the dead.

Spiritual (for the spirit)

Warn the sinner.
Teach the ignorant.
Counsel the doubtful.
Comfort the sorrowful.
Bear wrongs patiently.
Forgive injuries.
Pray for the living and the dead.

Oraciones católicas

La señal de la cruz

En el nombre del Padre,
y del Hijo,
y del Espíritu Santo.
Amén.

El padrenuestro

Padre nuestro, que estás en el cielo,
santificado sea tu Nombre;
venga a nosotros tu reino;
hágase tu voluntad en la tierra como
　　en el cielo.
Danos hoy nuestro pan de cada día;
perdona nuestras ofensas,
como también nosotros perdonamos
a los que nos ofenden;
no nos dejes caer en la tentación,
y líbranos del mal.
Amén.

Oración del penitente

Dios mío, me arrepiento de todo corazón de todo lo malo que he hecho y de todo lo bueno que he dejado de hacer, porque pecando te he ofendido a ti, que eres el sumo bien y digno de ser amado sobre todas las cosas.

Propongo firmemente, con tu gracia, cumplir la penitencia, no volver a pecar y evitar las ocasiones de pecado.

Perdóname, Señor, por los méritos de la pasión de nuestro salvador Jesucristo.

Yo confieso

Yo confieso ante Dios todopoderoso y ante vosotros, hermanos, que he pecado mucho de pensamiento, palabra, obra y omisión.

Por mi culpa, por mi culpa, por mi gran culpa.

Por eso ruego a Santa María, siempre Virgen, a los ángeles, a los santos y a vosotros, hermanos, que intercedáis por mí ante Dios, nuestro Señor.

Catholic Prayers

The Sign of the Cross

In the name of the Father
and of the Son
and of the Holy Spirit
Amen.

The Lord's Prayer

Our Father, who art in heaven,
hallowed be thy name;
thy kingdom come,
thy will be done on earth as it is in
   heaven.
Give us this day our daily bread;
and forgive us our trespasses,
as we forgive those who trespass
   against us;
and lead us not into temptation,
But deliver us from evil.
Amen.

Act of Contrition

My God,
I am sorry for my sins with all my heart.
In choosing to do wrong
and failing to do good,
I have sinned against you
whom I should love above all things.
I firmly intend, with your help,
to do penance,
to sin no more,
and to avoid whatever leads me to sin.
Our Savior Jesus Christ
suffered and died for us.
In his name, my God, have mercy.

Confiteor

I confess to almighty God
and to you, my brothers and sisters,
that I have greatly sinned,
in my thoughts and in my words,
in what I have done and in what I have
   failed to do,

Gently strike your chest with a closed fist.

through my fault, through my fault,
through my most grievous fault;

Continue:

Therefore I ask blessed Mary ever-Virgin,
all the Angels and Saints,
and you, my brothers and sisters,
to pray for me to the Lord our God.

Oración de san Francisco de Asís

Señor, hazme un instrumento de tu paz.
Donde haya odio, que siembre yo amor;
donde haya injuria, perdón;
donde haya duda, fe;
donde haya desesperación, esperanza;
donde haya tinieblas, luz;
y donde haya tristeza, alegría.

Oh Divino Maestro, concédeme que yo
  busque no tanto ser consolado,
sino consolar, no tanto ser comprendido,
sino comprender, no tanto ser amado,
  sino amar;
pues es dando que recibimos,
es perdonando que somos perdonados,
y es muriendo que nacemos a la vida
  eterna.
Amén.

Oración al Espíritu Santo

Ven, Espíritu Santo, llena los
  corazones de los fieles
y enciende en ellos el fuego de Tu
  amor.
Envía Tu Espíritu, y serán creados.
Y renovarás la faz de la tierra.

Prayer of Saint Francis of Assisi

Lord, make me an instrument of your peace.

Where there is hatred, let me show love;

where there is injury, pardon;

where there is doubt, faith;

where there is despair, hope;

where there is darkness, light;

and where there is sadness, joy.

O Divine Master, grant that I may not so much seek

to be consoled as to console;

to be understood as to understand;

to be loved as to love.

For it is in giving that we receive;

it is in pardoning that we are pardoned;

and it is in dying that we are born to eternal life.

Amen.

Prayer to the Holy Spirit

Come, Holy Spirit, fill the hearts of your faithful

And kindle in them the fire of your love.

Send forth your Spirit and they shall be created.

And you shall renew the face of the earth.

Un examen de conciencia

1. Te preparas para el sacramento de la reconciliación al pensar en las cosas que has hecho o dejado de hacer. Piensa cómo has seguido las bienaventuranzas, los diez mandamientos, el gran mandamiento y los preceptos de la Iglesia.

2. Ora al Espíritu Santo para que te acompañe en tus pensamientos sobre tus decisiones y acciones.

3. Pregúntate:
   - ¿Usé el nombre de Dios con respeto?
   - ¿Mostré mi amor por Dios y por el prójimo de alguna manera?
   - ¿Recé mis oraciones diarias con frecuencia?
   - ¿Obedecí siempre a mi madre y a mi padre?
   - ¿Fui amable con quienes me rodean o fui grosero?
   - ¿Fui justo en mi modo de jugar y trabajar con los demás?
   - ¿Compartí mis cosas con los demás?
   - ¿Evité tomar lo que pertenece a otra persona?
   - ¿Cuidé de mis cosas y de las cosas de los demás?
   - ¿Lastimé a alguien llamándole con apodos o diciendo mentiras sobre él?
   - ¿Fui a misa y tomé parte en la celebración?

4. Reza para que el Espíritu Santo te ayude a cambiar y a seguir el ejemplo de amor de Jesús.

An Examination of Conscience

1. You prepare for the Sacrament of Reconciliation by thinking about the things you have done or not done. Think about how you have followed the Beatitudes, the Ten Commandments, and the Great Commandment.

2. Pray to the Holy Spirit to be with you as you think about your choices and actions.

3. Ask yourself:
   - Did I use God's name with respect?
   - Did I show my love for God and others in some way?
   - Did I usually say my daily prayers?
   - Did I always obey my mother and father?
   - Was I kind to those around me or was I mean?
   - Was I fair in the way that I played and worked with others?
   - Did I share my things with others?
   - Did I avoid taking what belongs to someone else?
   - Did I care for my own things and others' things?
   - Did I hurt others by calling them names or telling lies about them?
   - Did I go to Mass and take part in the celebration?

4. Pray for the Holy Spirit's help to change and follow Jesus' example of love.

UN LLAMADO A CELEBRAR

LA EUCARISTÍA

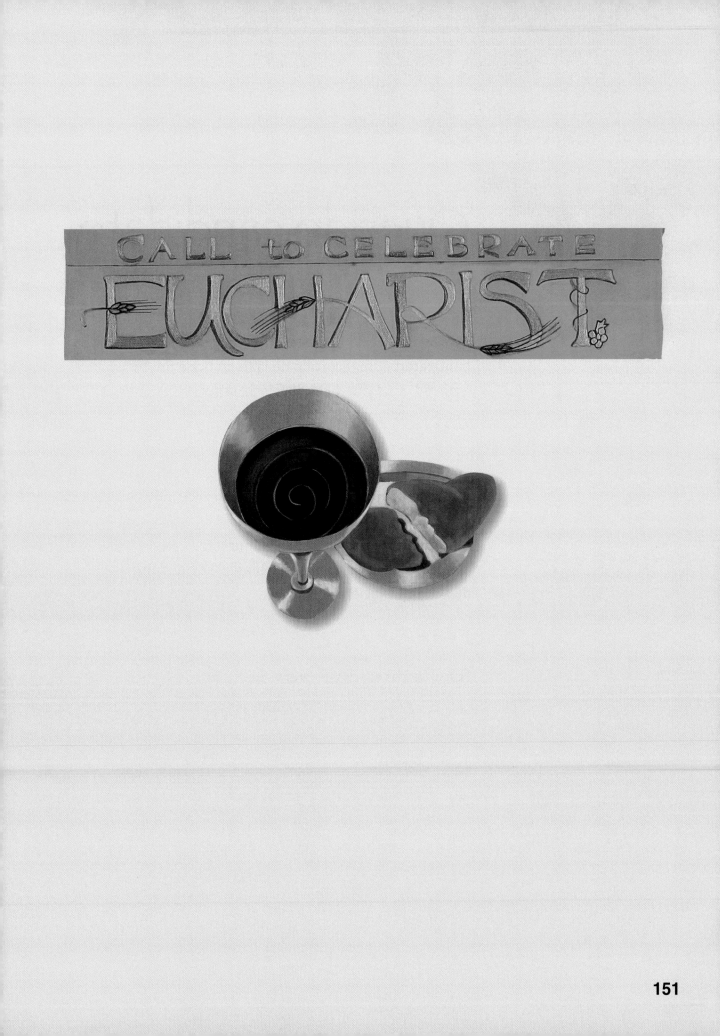

CALL to CELEBRATE EUCHARIST.

Querido candidato:

Éste es un momento muy especial para ti. Te estás preparando para dar otro paso en tu viaje de amistad con Jesús y con la Iglesia. El viaje empezó cuando te bautizaron. Este recorrido de la fe no tiene fin. Tu amistad con Jesús y con la Iglesia seguirá creciendo durante toda tu vida.

En algunas parroquias, los jóvenes celebran el sacramento de la confirmación antes de recibir la santa Comunión por primera vez. En otras parroquias, reciben la santa Comunión y luego, cuando son más grandes, celebran el sacramento de la confirmación.

¿Qué sacramentos celebrarás este año?

_____

_____

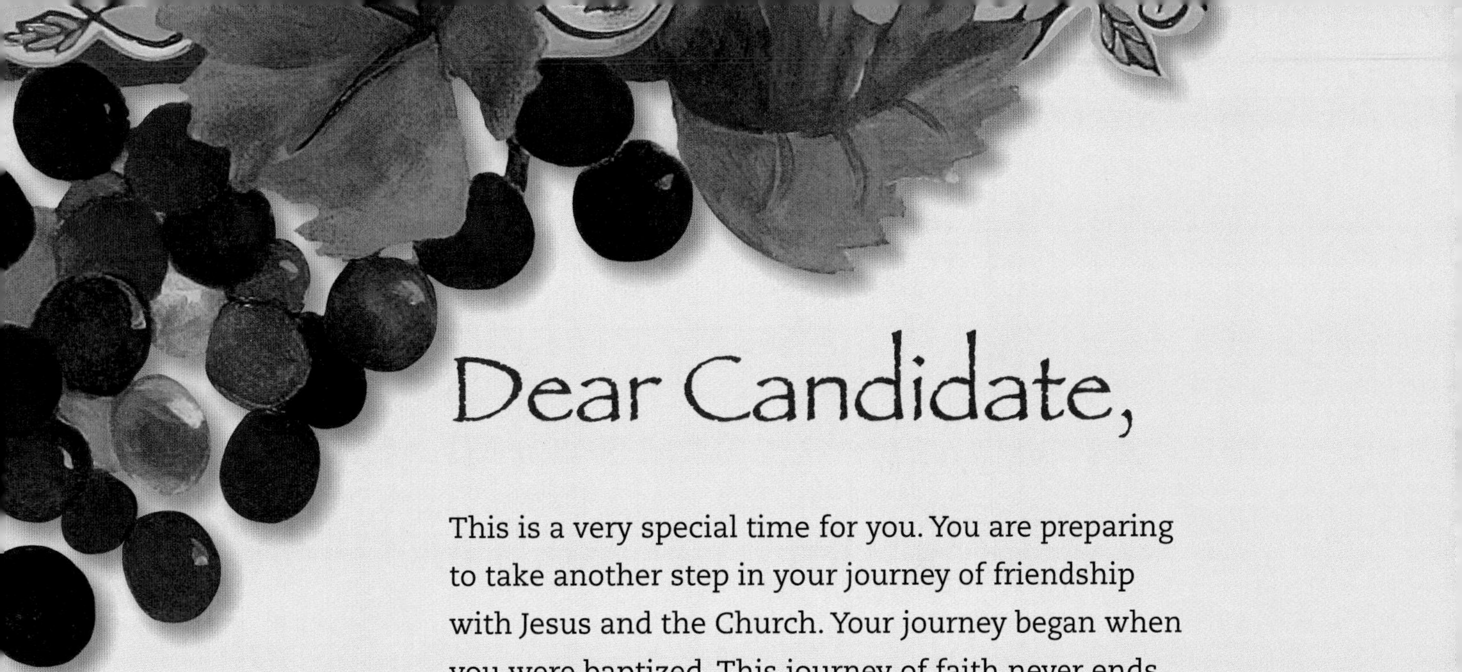

Dear Candidate,

This is a very special time for you. You are preparing to take another step in your journey of friendship with Jesus and the Church. Your journey began when you were baptized. This journey of faith never ends. You will keep growing in your friendship with Jesus and the Church for your whole life.

In some parishes, young people celebrate the Sacrament of Confirmation before receiving Holy Communion for the first time. In other parishes, young people receive Holy Communion and then, when they are older, they celebrate the Sacrament of Confirmation.

What sacraments will you be celebrating this year?

_____

_____

Durante este período

- aprenderás los sacramentos de la iniciación

- rezarás con tus amigos y con tu familia

- escucharás los relatos de Jesús y de los Apóstoles

- aprenderás las partes de la misa

- te prepararás para celebrar los sacramentos

¿Cuál es tu parte favorita de la misa?

_____

_____

¿Qué esperas aprender este año?

_____

_____

During this time, you will

• learn about the Sacraments of Initiation

• pray with your friends and family

• listen to the stories of Jesus and the Apostles

• learn about the parts of the Mass

• prepare to celebrate the sacraments

What is your favorite part of the Mass?

_____

_____

What are you looking forward to learning this year?

_____

_____

Mi recorrido de la fe

Me bautizaron el _No Recuerdo_ en _____.

Mis padrinos son _____.

Me bautizó _____.

Me confirmaron el _____ en _____.

Mi padrino o madrina de
confirmación fue _____.

Me confirmó _____.

Celebré la reconciliación
por primera vez el _____

en _____.

My Faith Journey

I was baptized on _____ at _____.

My godparents are _____.

I was baptized by _____.

I was confirmed on _____ at _____.

My sponsor was _____.

I was confirmed by _____.

I celebrated Reconciliation
for the first time on _____

at _____.

Celebré mi primera comunión el _____

en _____ .

_____ presidió la eucaristía.

Algunas de las personas que ayudaron a prepararme para la primera

comunión fueron _____

_____

Lo que más recuerdo de mi preparación para la primera comunión

_____

_____

_____

Lo que más recuerdo del día de mi primera comunión

_____

_____

I celebrated my First Communion on _____

at _____.

_____ presided at the Eucharist.

Some of the people who helped me prepare for First Communion were

_____

_____

What I remember most about preparing for my First Communion

_____

_____

_____

What I remember most about my First Communion Day

_____

_____

Nos reunimos

Procesión

Mientras cantan, caminen lentamente. Sigan a la persona que lleva la Biblia.

 Pueden cantar un cántico.

Líder: Oremos.

Hagan juntos la señal de la cruz.

Enfoque del rito: Renovación de las promesas bautismales

Líder: El día de tu bautismo, tu familia y la Iglesia te reclamaron para Cristo. Recibiste los dones de la fe y de la vida nueva. Hoy, recordemos juntos las promesas bautismales.

Acérquense y reúnanse alrededor del agua y del cirio.

Líder: ¿Le dicen "no" al pecado para que puedan vivir siempre como hijos e hijas de Dios?

Todos: Sí, lo digo.

Líder: ¿Creen en Dios, Padre todopoderoso?

Todos: Sí, creo.

Líder: ¿Creen en Jesucristo, su único Hijo, nuestro Señor?

Todos: Sí, creo.

CHAPTER 7

We Belong

We Gather

Procession

As you sing, walk forward slowly. Follow the person carrying the Bible.

 Sing together.

I believe in God the Father
I believe in God the Son
I believe in the Spirit
And the strength that makes
us one
I believe that Mother Mary
Sits with Jesus at God's hand
I believe
I do believe.

© 2000 John Burland

Leader: Let us pray.

Make the Sign of the Cross together.

Ritual Focus: Renewal of Baptismal Promises

Leader: On the day of your Baptism, your family and the Church claimed you for Christ. You received the gifts of faith and new life. Today let us remember the promises of Baptism together.

Come forward and gather around the water and candle.

Leader: Do you say "no" to sin, so that you can live always as God's children?

All: I do.

Leader: Do you believe in God, the Father almighty?

All: I do.

Leader: Do you believe in Jesus Christ, his only Son, our Lord?

All: I do.

Líder: ¿Creen en el Espíritu Santo, la santa Iglesia católica, la comunión de los santos?

Todos: Sí, creo.

Líder: Ésta es nuestra fe. Ésta es la fe de la Iglesia, que nos gloriamos de profesar en Cristo Jesús.

Todos: Amén.

BASADO EN EL RITUAL PARA EL BAUTISMO DE LOS NIÑOS, 144–146

Líder: Vengamos al agua y demos gracias a Dios por el don de nuestro bautismo.

Uno a uno, hagan la señal de la cruz con el agua.

Líder: [Nombre], tú eres la Luz de Cristo.

Candidato: Amén.

Escuchamos

Líder: Dios Padre, al recordar nuestro bautismo, abre nuestro corazón al Espíritu Santo. Te lo pedimos por Jesucristo, nuestro Señor.

Todos: Amén.

Líder: Lectura del santo Evangelio según san Juan.

Todos: Gloria a ti, Señor.

Líder: *Lean Juan 15:1–17.* Palabra del Señor.

Todos: Gloria a ti, Señor Jesús.

Siéntense en silencio.

Evangelicemos

Líder: Padre amoroso, te damos gracias por el don del bautismo. Envíanos a llevar tu amor a los demás. Te lo pedimos por Jesucristo, nuestro Señor.

Todos: Amén.

🎼 *Pueden cantar el cántico de entrada.*

Leader: Do you believe in the Holy Spirit, the holy catholic Church, the communion of saints?

All: I do.

Leader: This is our faith. This is the faith of the Church. We are proud to profess it in Jesus Christ.

All: Amen.

BASED ON RITE OF BAPTISM FOR
CHILDREN, 144–146

Leader: Let us come to the water and thank God for the gift of our Baptism.

One at a time, make the Sign of the Cross with the water.

Leader: [Name], you are the light of Christ.

Candidate: Amen.

We Listen

Leader: God, our Father, open our hearts to the Holy Spirit as we remember our Baptism. We ask this through Jesus Christ our Lord.

All: Amen.

Leader: A reading from the holy Gospel according to John.

All: Glory to you, O Lord.

Leader: *Read John 15:1–17.* The Gospel of the Lord.

All: Praise to you, Lord Jesus Christ.

Sit silently.

We Go Forth

Leader: Loving God, we thank you for the gift of Baptism. Send us forth to bring your love to others. We ask this through Jesus Christ our Lord.

All: Amen.

🎵 *Sing the opening song together.*

Vida nueva

SIGNOS DE FE

Agua

El agua da vida. Limpia y renueva las cosas. El agua que se usa en el bautismo es bendecida. El agua bendita es una señal de que Dios Padre nos da su vida y nos limpia de todo pecado. A través de las aguas del bautismo, tenemos una vida nueva con Jesús. Cada vez que vamos a la Iglesia, nos persignamos con agua bendita y recordamos nuestro bautismo.

Reflexiona

Renovación de las promesas bautismales

Imagínate que un amigo que no ha sido bautizado te vio renovar las promesas de tu bautismo y te envió este correo electrónico. Escribe una respuesta para explicar.

> Oye, ¿qué estabas haciendo en esa ceremonia? Escuché que decías "Sí, creo" "Sí, creo" "Sí creo". ¿En qué CREES?

En dios

164

New Life

Water

Water gives life. It cleans and makes things like new. The water used at Baptism is blessed. The blessed water is a sign that God the Father gives us his life and cleanses us from all sin. Through the waters of Baptism, we have new life in Jesus. Every time we go into a church, we make the sign of the cross with holy water. We remember our Baptism.

Reflect

Renewal of baptismal promises Imagine that an unbaptized friend was watching as you renewed your baptismal promises and sent you this e-mail message. Write a response to explain.

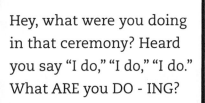

Hey, what were you doing in that ceremony? Heard you say "I do," "I do," "I do." What ARE you DO - ING?

_____

_____

El Cuerpo de Cristo

El **bautismo** nos hace hijos e hijas de Dios y miembros de la Iglesia, el **Cuerpo de Cristo**. En el bautismo, se nos da vida nueva con Jesucristo. Se nos perdona el **pecado original** y todos los pecados personales. Recibimos la Luz de Cristo y nos convertimos en sus discípulos. Las personas que siguen a Jesús se llaman discípulos. Otro nombre que se le da a un discípulo de Cristo es *cristiano*.

El bautismo nos hace miembros de la Iglesia. Por medio de nuestro bautismo, pertenecemos a la Iglesia y nos volvemos amigos especiales de Dios. Necesitamos el bautismo para tener vida eterna con Dios. En el bautismo, Dios Espíritu Santo entra en nosotros.

El Espíritu Santo

- nos ayuda a creer y a tener fe,

- nos enseña a orar,

- nos guía para que seamos la Luz de Cristo para los demás y nos santifica,

- nos ayuda a cumplir la ley de Dios.

SIGNOS DE FE

Cirio pascual

A veces a esta vela se le llama el cirio pascual. Todos los años, en la Vigilia Pascual, se enciende un cirio nuevo con el fuego pascual. El diácono o sacerdote lo lleva a través de la oscuridad y canta: "Luz de Cristo". La gente canta: "Demos gracias a Dios". El cirio se enciende en todas las misas durante el tiempo de Pascua y en todos los bautismos y funerales. Durante el bautismo, el sacerdote o el diácono usa **el cirio pascual** para encender las velas de los que se van a bautizar.

The Body of Christ

Baptism makes us children of God and members of the Church, the **Body of Christ**. At Baptism, we are given new life with Jesus Christ. **Original sin** and all personal sins are forgiven. At Baptism we receive the light of Christ and become his followers. People who follow Jesus are called disciples. Another name for a follower of Christ is *Christian*.

Baptism makes us members of the Church. When we are baptized we belong to the Church and become special friends of God. We need Baptism to have life with God forever. In Baptism, God the Holy Spirit comes to live in us.

The Holy Spirit:

- helps us believe and have faith

- shows us how to pray

- guides us to be the light of Christ for others and makes us holy

- helps us follow God's law

SIGNS OF FAITH

Paschal Candle

Sometimes this candle is called the Easter Candle. Every year at the Easter Vigil, a new candle is lit from the Easter fire. The deacon or priest carries it through the darkness. He sings, "Light of Christ," and the people sing, "Thanks be to God." The candle is lit at all the Masses during the Easter season and at all Baptisms and funerals. During Baptisms, the priest or deacon lights the candles for those being baptized from the **Paschal Candle**.

Pertenecemos a Dios

Enfoque en la fe

¿Qué nos dice Jesús acerca de pertenecer a Dios?

Jesús sabía que regresaría a Dios, su Padre. Los discípulos de Jesús estaban tristes. Querían permanecer cerca de Él. Jesús quería decirles a sus amigos que estaría siempre con ellos. Quería que ellos supieran que le pertenecían de una manera especial. Por eso, les contó este relato.

Sagrada Escritura

JUAN 15:1–12

La vid y las ramas

"Yo soy la vid verdadera, y mi Padre es el viñador. Él quita todas las ramas que, en mí, no dan fruto; y limpia las de aquel que sí para que den más fruto. Ustedes ya están limpios gracias a la palabra que les he anunciado. Permanezcan en mí como yo en ustedes. Una rama no puede cargar fruto por sí misma a menos que permanezca unida a la vid; tampoco ustedes pueden, a menos que permanezcan en mí. Yo soy la vid. Ustedes son las ramas. Quien permanezca en mí y yo en él cargará mucho fruto, porque sin mí no puede hacer nada.

We Belong to God

What does Jesus tell us about belonging to God?

Jesus knew he would be returning to God, his Father. Jesus' disciples were sad. They wanted to stay close to him. Jesus wanted to tell his friends that he would always be with them. He wanted them to know that they belonged to him in a special way. So, he told them this story.

Scripture

JOHN 15:1–12

The Vine and the Branches

"I am the true vine, and my Father is the vine grower. He takes away every branch in me that does not bear fruit, and every one that does he prunes so that it bears more fruit. You are already pruned because of the word that I spoke to you. Remain in me as I remain in you. Just as a branch cannot bear fruit on its own unless it remains, so neither can you unless you remain in me. I am the vine. You are the branches. Whoever remains in me and I in him will bear much fruit because without me you can do nothing.

Así como el Padre me ama, yo los amo. Permanezcan en mi amor. Si cumplen mis mandamientos, permanecerán en mi amor. Este es mi mandamiento: que se amen unos a los otros como yo los amo. No hay amor más grande que el de dar la vida por los amigos. "…son ustedes mis amigos si cumplen lo que les mando". Les he dicho todo lo que he escuchado de mi Padre. Ustedes no me eligieron. Yo los escogí y los señalé para que cargaran con la fruta que permanecerá; así, lo que pidan al Padre en mi nombre, se les concederá. Éste es mi mandamiento: ámense unos a los otros".

BASADO EN JUAN 15:1–17

La fe en el hogar

Lee el relato de la Sagrada Escritura con los miembros de tu familia. Respondan todos la pregunta y comenten las respuestas. Escoge una acción que puedas hacer en familia para reforzar tu amistad con Jesús.

❓ **Menciona tres cosas que les dice Jesús a sus amigos en este relato.**

❓ **Describe tu amistad con Jesús.**

Comparte

Haz un dibujo Con un compañero, piensa y comenta sobre otras imágenes similares a las de la vid y las ramas que pudieras usar para mostrar tu conexión con Jesús. Escoge una de las imágenes y dibújala sobre una hoja de papel grande. Comparte tu imagen con el resto del grupo. Explica por qué es parecida a la imagen de la vid y las ramas.

"As the Father loves me, so I also love you. Remain in my love. If you keep my commandments, you will remain in my love. This is my commandment: love one another as I love you. No one has greater love than this, to lay down one's life for one's friends. You are my friends if you do what I command you. I have told you everything I have heard from my Father. You did not choose me. I chose you and appointed you to go forth and bear fruit that will remain, so that whatever you ask the Father in my name he will give you. This I command you: love one another."

BASED ON JOHN 15:1–17

❓ **Name three things Jesus is telling his friends in this story.**

❓ **Describe your friendship with Jesus.**

Faith at Home

Read the scripture story with your family members. Answer the questions and discuss everyone's responses. Decide one action you can take as a family to strengthen your friendship with Jesus.

Share

Draw a picture   With a partner think about and discuss other images, similar to the vine and branches, which could be used to show our connection to Jesus. Choose one of the images, and draw it on a large sheet of poster paper. Share your image with the whole group. Explain why it is similar to the vine and branches image.

Los sacramentos de la iniciación

SIGNOS DE FE

La Santísima Trinidad
Dios Padre, Dios Hijo y Dios Espíritu Santo son tres Personas en un solo Dios. Las tres Personas actúan juntas en todo lo que hacen, pero cada Persona tiene un papel especial. A veces, llamamos a Dios Padre el Creador, porque fue quien lo hizo todo. Jesucristo es el Hijo de Dios y nuestro Salvador. Dios Espíritu Santo nos santifica. Cuando nos hacemos la señal de la cruz, estamos mostrando que creemos en la Trinidad.

Enfoque en la fe
¿Qué sacramentos son signos de pertenencia?

Un sacramento es un signo eficaz que proviene de Jesús y nos da la gracia, una participación en la vida de Dios. El bautismo, la confirmación y la eucaristía se llaman **sacramentos de la iniciación**. Nos unimos más a Cristo y nos hacemos miembros de la Iglesia católica a través de estos sacramentos. Son signos de que pertenecemos a Dios y a la Iglesia.

Bautismo

En el bautismo, el sacerdote o el diácono vierte agua sobre nuestra cabeza o nos sumerge tres veces en el agua. Mientras lo hace dice: "Yo te bautizo en el nombre del Padre, del Hijo y del Espíritu Santo". Luego, nos unge con el óleo bendito en la cabeza. Esto se llama unción. En el bautismo recibimos al Espíritu Santo. Por eso somos bautizados una sola vez. Como signo de nuestra vida nueva en Cristo, recibimos una vestidura blanca. Luego, el sacerdote o el diácono da a nuestros padres o padrinos una vela encendida como signo de fe y reza para que caminemos como hijos e hijas de la luz y sigamos el ejemplo de Jesús.

The Sacraments of Initiation

SIGNS OF FAITH

The Holy Trinity

God the Father, God the Son, and God the Holy Spirit are the three Persons in one God. The three Persons act together in all they do, but each Person also has a special role. We sometimes call God the Father the Creator because he made everything. Jesus Christ is the Son of God and our Savior. God the Holy Spirit makes us holy. When we make the Sign of the Cross, we show our belief in the Trinity.

Faith Focus

Which sacraments are signs of belonging?

A sacrament is an effective sign that comes from Jesus and gives us grace, a share in God's life. Baptism, Confirmation, and Eucharist are called **Sacraments of Initiation**. We are joined closely to Christ and made members of the Catholic Church through these sacraments. They are signs that we belong to God and to the Church.

Baptism

In Baptism the priest or deacon pours water over our head three times or lowers us into the water three times. As he does this he says, "I baptize you in the name of the Father, and of the Son, and of the Holy Spirit." Then he rubs blessed oil on our heads. This is called an anointing. In Baptism we receive the Holy Spirit. We may only be baptized once. As a sign of our new life in Christ, we receive a white garment. Then the priest or deacon gives our parent or godparent a lighted candle as a sign of faith. He prays that we will walk as children of the light and follow Jesus' example.

Confirmación

El sacramento de la **confirmación** fortalece en nosotros la vida de Dios. La confirmación completa nuestro bautismo y nos ayuda a crecer como discípulos de Jesús. Durante la confirmación, el obispo o el sacerdote extiende la mano y reza:

"Envía sobre ellos al Espíritu Santo para que los fortalezca con la abundancia de sus dones".

Entonces, el obispo o el sacerdote pone su mano sobre nuestra cabeza y nos unge con el óleo consagrado del **crisma**. El óleo es un signo de fuerza. Luego, dice:

"Recibe por esta señal el don del Espíritu Santo".

Estas palabras nos dicen que, en la confirmación, recibimos al Espíritu Santo de una manera muy especial. El bautismo y la confirmación nos marcan con un carácter especial que muestra que pertenecemos a Jesús por siempre.

Eucaristía

El sacramento de la **eucaristía** nos une a Jesús de una manera especial. La eucaristía es una comida sagrada de acción de gracias. Jesús comparte su Cuerpo y su Sangre con nosotros en la santa Comunión.

Participas en la eucaristía cuando asistes a misa con tu familia.

❓ **¿De qué manera son signos de pertenencia los sacramentos de la iniciación?**

La fe en el hogar

Pide a los miembros de tu familia que te cuenten historias de tu bautismo y te muestren fotos del mismo. Háblales acerca de la renovación de tus promesas bautismales en la celebración. Muéstrales tu respuesta al correo electrónico de la página 164. Invítalos a decir cualquier cosa que quieran agregar a tu mensaje electrónico.

Confirmation

The Sacrament of **Confirmation** strengthens God's life in us. Confirmation completes our Baptism and helps us grow as followers of Jesus. In the sacrament, the bishop or priest puts his hand out and prays:

"Send your Holy Spirit upon them to be their Helper and Guide."

Then the bishop or priest lays his hand on our heads and anoints us with the holy oil of **chrism**. Oil is a sign of strength. He says:

"Be sealed with the Gift of the Holy Spirit."

These words tell us that we receive the Holy Spirit in a special way during Confirmation. Both Baptism and Confirmation mark us with a special character that shows we belong to Jesus forever.

Eucharist

The Sacrament of the **Eucharist** joins us in a very special way to Jesus. It is a sacred meal of thanksgiving in which Jesus shares his own Body and Blood with us in Holy Communion.

You already participate in the Eucharist by coming to Mass with your family.

❓ In what ways are the Sacraments of Initiation signs of belonging?

Faith at Home

Ask family members to share stories and pictures of your Baptism with you. Tell them about renewing your baptismal promises in the celebration. Show them your e-mail response on page 165. Invite family members to share anything they would add to your e-mail message.

Hijos de la luz

Responde

Posibles ideas En un grupo pequeño, aporten todos ideas sobre las maneras en que los jóvenes pueden mantener sus promesas bautismales y ser hijos e hijas de la luz. Anoten cada una de las ideas en el espacio de abajo. Escojan una que prometan practicar esta semana. Enciérrenla en un círculo.

_____

_____

_____

_____

_____

_____

_____

_____

Bendición final

Reúnanse y comiencen con la señal de la cruz.

Líder: Dios Padre, te alabamos y te damos gracias por elegirnos para que seamos tus hijos e hijas.

Todos: Amén.

Líder: Jesús, Hijo de Dios, te alabamos y te damos gracias por enseñarnos a vivir y amar.

Todos: Amén.

Líder: Espíritu Santo, dador de los dones de Dios, te alabamos y te damos gracias por guiarnos en nuestro camino.

Todos: Amén.

Pueden cantar un cántico.

Children of Light

Respond

Brainstorm choices   In a small group, brainstorm ways that young people can keep their baptismal promises and be children of the light. Jot down each of the ideas below. Choose one that you will promise to practice this week. Circle it.

_____

_____

_____

_____

_____

_____

_____

Closing Blessing

Gather and begin with the Sign of the Cross.

Leader: God, our Father, we praise and thank you for choosing us to be your children.

All: Amen.

Leader: Jesus, the Son, we praise and thank you for showing us how to live and love.

All: Amen.

Leader: Holy Spirit, giver of God's gifts, we praise and thank you for guiding us on our way.

All: Amen.

 Sing together.

I believe in God the Father
I believe in God the Son
I believe in the Spirit
And the strength that makes
   us one
I believe that Mother Mary
Sits with Jesus at God's hand
I believe
I do believe.

© 2000 John Burland

177

Enfoque en la fe

- Un sacramento es un signo eficaz que viene de Jesús y nos da la gracia.

- El bautismo, la confirmación y la eucaristía se llaman sacramentos de la iniciación.

- Los sacramentos de la iniciación nos hacen miembros de la Iglesia.

Enfoque del rito Renovación de las promesas bautismales

La celebración se centró en la renovación de las promesas bautismales. Durante la semana, usa el texto de las páginas 160 y 162 con los miembros de tu familia y renueven juntos sus propias promesas bautismales.

Oración en familia

Dios Padre, te damos gracias por hacernos tus hijos e hijas. Creemos en ti y pertenecemos a ti. Te pedimos que nos guardes cerca de ti. Muéstranos cómo amarnos los unos a los otros como tú nos has amado. Amén.

Actúa

Compartan juntos Lee Juan 15:1–17. Hablen sobre las acciones que muestran que somos amigos de Jesús. Con una caja de zapatos, prepara una caja que llamarás "Amigos de Jesús". Invita a los miembros de tu familia a buscar ejemplos de cómo actúan otras personas como amigos de Jesús. Escribe los ejemplos en papel y ponlos en la caja. Al final de la semana, lean los papeles y compartan lo que aprendieron.

Actúen juntos Habla sobre lo que pueden hacer tú y tu familia para ayudar a los bebés cuyas familias no tienen dinero para ropa o comida. Escoge algo que puedas hacer para ayudarlos. (Sugerencia: Comprar comida o pañales y llevar a un refugio de desamparados, o rezar por esos niños en momentos específicos del día).

Amigos de Jesús

APRENDE en línea **www.osvcurriculum.com**
Visite nuestro sitio Web y encontrará lecturas semanales de la Sagrada Escritura y preguntas, recursos para la familia y otras actividades.

Faith at Home

Faith Focus

- A sacrament is an effective sign that comes from Jesus and gives us grace.

- Baptism, Confirmation, and Eucharist are called Sacraments of Initiation.

- The Sacraments of Initiation make us members of the Church.

Ritual Focus
Renewal of Baptismal Promises

The celebration focused on the renewal of baptismal promises. During the week, use the text on pages 161 and 163 with your family members and have them renew their baptismal promises with you.

Family Prayer

God our Father, thank you for making us your children. We believe in you and we belong to you. We ask you to keep us close to you. Show us how to love each other as you have loved us. Amen.

Act

Share Together Read John 15:1–17. Talk about what actions show we are friends of Jesus. Use a shoe box to create a "Friends of Jesus" box. Invite family members to look for examples of how others are acting as friends of Jesus. Have them write the examples on pieces of paper during the week and place them in the box. At the end of the week, read the slips of paper and share what you have learned.

Do Together Discuss what you and your family can do to help babies who are born into families that do not have money for food or clothing. Decide one thing you might do to help. (Suggestions: Buy baby food or diapers for a homeless shelter, or pray for these children at a specific time every day.)

GO online www.osvcurriculum.com
Visit our website for weekly scripture readings and questions, family resources, and more activities.

CELEBREMOS Celebrate

Nos reunimos

Enfoque del rito: Procesión y gloria

Mientras cantan, caminen lentamente. Sigan a la persona que lleva la Biblia.

🎼 *Pueden cantar un cántico.*

Líder: Oremos.

Hagan juntos la señal de la cruz.

Dios, Padre amoroso, te alabamos por tu bondad y te damos gracias por el don de tu Hijo, Jesús. Envíanos a tu Espíritu Santo para que nos ayude a vivir como hijos e hijas tuyos. Te lo pedimos por Jesucristo, nuestro Señor.

Todos: Amén.

Líder: Todos los domingos, nos reunimos como pueblo de Dios para alabarlo y para darle gracias por todo lo que ha hecho. Hoy hacemos lo mismo.

Acérquense y reúnanse alrededor del agua bendita y del cirio.

Señor Jesús, viniste para reunir a todas las personas en el Reino de tu Padre.

Todos: Te glorificamos y te damos gracias.

Líder: Señor Jesús, viniste a traernos vida nueva.

We Gather

Ritual Focus: Procession and Gloria

As you sing, walk forward slowly. Follow the person carrying the Bible.

🎼 *Sing together.*

Glory to God. Glory to God.
Glory to God in the highest!
and on earth, peace on earth,
peace to people of good will.

Leader: Let us pray.

Make the Sign of the Cross together.

God, our Loving Father, we praise you for your goodness and thank you for the gift of your Son Jesus. Send us your Holy Spirit to help us live as your children. We ask this through Jesus Christ our Lord.

All: Amen.

Leader: Every Sunday we come together as God's people to praise him and to give him thanks for everything he has done. Today we do the same.

Come forward, and gather around the holy water and candle.

Lord Jesus, you came to gather all people into your Father's Kingdom.

All: We give you glory and thanks.

Leader: Lord Jesus, you came to bring us new life.

Todos: Te glorificamos y te damos gracias.

Líder: Señor Jesús, viniste a salvarnos.

Todos: Te glorificamos y te damos gracias.

Líder: Alabemos a Dios y démosle gracias.

 *Pueden cantar el cántico de entrada.*

Escuchamos

Líder: Dios Padre, sólo tú eres santo. Tú nos das vida y todas las cosas buenas. Te pedimos que nos ayudes a ser hijos e hijas agradecidos que siempre recuerdan tu gloria. Te lo pedimos por Jesucristo, nuestro Señor.

Todos: Amén.

Líder: Lectura de los Hechos de los Apóstoles.

         Lean Hechos 2:42–47.

         Palabra de Dios.

Todos: Te alabamos, Señor.

Evangelicemos

Siéntense en silencio.

Líder: Dios, Espíritu Santo, te alabamos y te damos gracias por tus dones. Concédenos que nuestros actos muestren tus dones a los demás. Te lo pedimos por Jesucristo, nuestro Señor.

Todos: Amén.

Pueden cantar el cántico de entrada.

All: We give you glory and thanks.

Leader: Lord Jesus, you came to save us.

All: We give you glory and thanks.

Leader: Let us give thanks and praise.

 Sing the opening song together.

We Listen

Leader: God, our Father, you alone are holy. You give us life and all good things. We ask you to help us be grateful children who always remember your glory. We ask this through Jesus Christ our Lord.

All: Amen.

Leader: A reading from the Acts of the Apostles.

Read Acts 2:42–47.

The word of the Lord.

All: Thanks be to God.

Sit silently.

We Go Forth

Leader: God, the Holy Spirit, we praise you and thank you for your gifts. May we act in ways that show your gifts to others. We ask this through Jesus Christ our Lord.

All: Amen.

Sing the opening song together.

183

Reunidos

Asamblea

Muchas personas diferentes vienen a reunirse en la misa. Cada una de ellas viene a alabar a Dios, a agradecerle y a pedirle sus bendiciones. Cuando nos reunimos para dar gracias y alabar a Dios, somos una **asamblea** de personas que creen en Jesús. Cuando la asamblea se reúne, la Santísima Trinidad está ahí.

Reflexiona

Procesión y gloria   Escribe un poema acerca de las formas en que te reúnes con tus amigos. Incluye formas en que te reúnes en la Iglesia.

_____

_____

_____

_____

_____

_____

_____

_____

_____

_____

_____

Gathered Together

Assembly

Many different people come together at Mass. Each person comes to praise and give thanks to God and to ask for his blessing. When we gather together to give God thanks and praise, we are an **assembly** of people who believe in Jesus. When the assembly gathers, the Holy Trinity is there.

Reflect

Procession and Gloria   Write a rhyming poem about ways you gather with friends. Include ways you gather at church.

_____

_____

_____

_____

_____

_____

_____

_____

_____

_____

Nos reunimos

Cada vez que nos reunimos en grupo, nos juntamos para orar. Cuando empezamos a formar la **procesión** para nuestra celebración, nos estamos reuniendo para la oración. La **oración** es hablar con Dios y escucharlo. La procesión nos reúne como comunidad dispuesta para la oración.

Durante la misa, oramos de muchas maneras diferentes. Cuando nos ponemos de pie, rezamos una oración de reverencia. Las oraciones se pueden decir. Podemos decir el Señor, ten piedad. Podemos pedir la ayuda de Dios. Las oraciones se pueden cantar. En la misa podemos cantar el gloria. También oramos en silencio. Un momento en el que oramos en silencio es después de la lectura del Evangelio.

SIGNOS DE FE

Procesión

Una procesión es un paseo solemne de carácter religioso como parte de una celebración. Las procesiones en la misa nos recuerdan que caminamos con Dios y que Dios camina con nosotros. En la misa, el sacerdote y los otros ministros entran en la iglesia en procesión. Las ofrendas se llevan al altar en procesión. Vamos en procesión a recibir a Jesús en la santa Comunión.

We Come Together

Every time we gather as a group, we come together to pray. When we begin to form the procession for our celebration, we are gathering for prayer. **Prayer** is talking and listening to God. The procession gathers us as a community ready for prayer.

During the Mass, we pray in many different ways. When we stand, we pray a prayer of reverence. Prayers can be said. We can say the Lord Have Mercy (*Kyrie, eleison*). We can ask for God's help. Prayers can be sung. We can sing the Gloria in Mass. We pray in silence during the Mass, too. One time we do this is during the silence after the Gospel reading.

SIGNS OF FAITH

Procession

A **procession** is a group of people moving forward as part of a celebration. Processions at Mass remind us that we are walking forward with God and that God is walking with us. At Mass the priest and other ministers come into the church in a procession. People bring the gifts to the altar in a procession. We walk in a procession to receive Jesus in Holy Communion.

Nos reunimos como pueblo de Dios

Enfoque en la fe
¿Qué es una comunidad de fe?

Los primeros discípulos de Jesús se reunían frecuentemente a orar y a recordarlo. Eran como una familia. Su fe en Jesús los transformó en una comunidad de fe.

Sagrada Escritura

HECHOS 2:42–47

Los primeros cristianos

Los miembros de la primera comunidad cristiana se reunían una y otra vez. Ellos se dedicaron a seguir las enseñanzas de los apóstoles y a la vida en comunidad, a la fracción del pan y a la oración. El asombro se apoderó de todos, y muchas maravillas y señales sucedieron a través de los apóstoles. Todos los que creían estaban reunidos y compartían todo lo que tenían; vendían sus propiedades y posesiones, y dividían las ganancias entre todos de acuerdo a las necesidades de cada cual.

We Gather as God's People

Faith Focus

What is a community of faith?

The early followers of Jesus gathered often to pray and to remember him. They were like a family. Their faith in Jesus made them a community of faith.

ACTS 2:42–47

The Early Christians

The early Christian community gathered together over and over again. They devoted themselves to the teaching of the Apostles and to the communal life, to the breaking of the bread and to prayers. Awe came upon everyone, and many wonders and signs were done through the Apostles. All who believed were together and had all things in common; they would sell their property and possessions and divide among all according to each one's need.

Cada día se reunían alrededor del templo y partían el pan en sus casas. "… compartían sus comidas con alegría y con gran sencillez de corazón. Alababan a Dios y se ganaban la simpatía de todo el pueblo…" Cada día el Señor agregaba a aquellos que eran salvados.

BASADO EN HECHOS 2:42–47

? **¿De qué manera fueron los primeros cristianos una comunidad de fe?**

? **¿De qué manera es tu iglesia una comunidad de fe?**

La fe en el hogar

Lee el relato de la Sagrada Escritura con los miembros de tu familia. Respondan las preguntas y comenten las respuestas de todos. Comenten de qué manera ustedes son una comunidad de fe. Hablen sobre algunas maneras en que tu familia y tu parroquia se ocupan de las necesidades de otros cristianos. Selecciona una actividad para hacer juntos esta semana, que muestre que son una comunidad de fe.

Comparte

Prepara una pantomima En grupos pequeños, preparen una pantomima que muestre un aspecto de cómo su parroquia actúa como una comunidad de fe. Actúen la pantomima frente al grupo.

Every day they devoted themselves to meeting together in the temple area and to breaking bread in their homes. They ate their meals with exultation and sincerity of heart, praising God and enjoying favor with all the people. And every day the Lord added to their number those who were being saved.

BASED ON ACTS 2:42–47

? **What made the early Christians a community of faith?**

? **How is your church a community of faith?**

Share

Prepare a pantomime In small groups, prepare a pantomime showing one aspect of how your parish acts as a community of faith. Act out the pantomime for the larger group.

El pueblo se reúne

SIGNOS DE FE

Oración y canto

El canto es una forma de oración. Cuando cantamos durante la misa, levantamos la mente, el corazón y la voz para alabar a Dios de una manera especial. Toda la asamblea canta cantos e himnos. A veces el coro canta y la asamblea escucha. Algunas veces el sacerdote canta algunas partes de la misa.

Enfoque en la fe

¿Qué sucede cuando nos reunimos como una comunidad de fe?

Igual que los primeros cristianos, nosotros también celebramos la eucaristía como una comunidad. Nuestra comunidad de fe es nuestra familia de la Iglesia. Durante la misa, nos reunimos como el Cuerpo de Cristo. Todos los sábados por la tarde o los domingos, nos reunimos con la comunidad de nuestra parroquia para la celebración de la misa.

Para los cristianos, el domingo es un día importante. Jesús resucitó de entre los muertos el domingo de Pascua. Esto es tan importante que la Iglesia nos exige que participemos en la misa dominical todas las semanas. Los domingos nos reunimos en asamblea

- para alabar a Dios y darle gracias,
- para escuchar la Palabra de Dios,
- para pedirle su bendición,
- para recordar la muerte, Resurrección y Ascensión de Jesús,
- para compartir el Cuerpo y la Sangre del Señor,
- para ser enviados a vivir como discípulos de Jesús.

Cuando nos reunimos para la misa, nos saludamos. Compartimos nuestra alegría mientras cantamos y oramos.

The People Gather

SIGNS OF FAITH

Prayer and Singing

Singing is a way to pray. When we sing during Mass, we lift our minds, hearts, and voices to praise God in a special way. The whole assembly sings songs and hymns. Sometimes the choir sings and the assembly listens. The priest sometimes sings parts of the Mass.

Faith Focus

What happens when we gather as a community of faith?

Like the first Christians, we celebrate the Eucharist with a community, too. Our faith community is our Church family. During Mass we come together as the Body of Christ. Every Sunday or Saturday evening we gather with our parish community for the celebration of Mass.

Sunday is an important day for Christians because Jesus rose from the dead on Easter Sunday. It is so important that the Church requires us to participate in Sunday Mass.

We come together as an assembly
- to give God thanks and praise
- to listen to God's word
- to remember Jesus' death, Resurrection, and Ascension
- to share the Lord's Body and Blood
- to be sent forth to live as Jesus' followers

When we gather for Mass, we greet one another. We share our joy as we sing and pray.

Los ritos iniciales

Las oraciones y las acciones que dan comienzo a la misa se llaman ritos iniciales. Los ritos iniciales nos ayudan a disponer el corazón y la mente para la gran celebración de la eucaristía. El sacerdote preside la asamblea en la celebración de la misa. La misa comienza cuando el sacerdote camina en procesión hacia el altar. Todos nosotros en la asamblea nos ponemos de pie y cantamos.

El sacerdote nos saluda diciendo: "El Señor esté con vosotros" u otras palabras similares. Y nosotros contestamos: "Y con tu espíritu". Sabemos que Dios Padre, su Hijo Jesús y el Espíritu Santo están con nosotros. Juntos damos gracias a Dios por su bondad.

? ¿Cómo mostramos que estamos unidos cuando nos reunimos para la misa?

La fe en el hogar

Pregunta a los miembros de tu familia cómo responderían ellos a la pregunta. Comenten las respuestas. Invítalos a que cuenten cuáles de las canciones de la misa son sus favoritas. Canten algunas juntos. Si tienen el CD *Songs of Celebration* para este programa, dediquen tiempo a escuchar las canciones.

Introductory Rites

The prayers and actions that begin the Mass are called the Introductory Rites. The Introductory Rites help us turn our hearts and minds to the great celebration of the Eucharist. The priest leads the assembly in the celebration of the Mass. Mass begins when he walks in procession to the altar. All of us in the assembly stand and sing.

The priest greets us. He often says, "The Lord be with you," or similar words. We answer, "And with your spirit." We know that God the Father, his Son Jesus, and the Holy Spirit are with us. Together we thank God for his goodness.

❓ How do we show we are united as we gather for the Mass?

Faith at Home

Ask your family members how they would answer the question. Discuss their responses. Invite them to tell which of the songs sung during Mass are their favorites. Sing some of them together. If you have the *Songs of Celebration* CD for this program, spend some time listening to the songs.

Alabar y dar gracias

VIVAMOS Live

Responde

Escribe una carta   En el espacio de abajo, escribe una carta a Dios. Cuéntale en tu carta cómo vas a agradecerle y alabarlo durante la semana.

_____

_____

_____

_____

_____

_____

_____

_____

_____

Bendición final

Reúnanse y comiencen con la señal de la cruz.

Líder: Dios Padre, te alabamos y te damos gracias por reunirnos como hijos e hijas tuyos. Envíanos tu Espíritu Santo para que aumente nuestra fe y fortalezca nuestra comunidad. Te lo pedimos en el nombre de Jesucristo, nuestro Señor.

Todos: Amén.

Líder: Vayan en paz para amar y servir a Dios.

Todos: Demos gracias a Dios.

🎵 *Pueden cantar un cántico.*

Give Praise and Thanks

Respond

Write a letter   In the space below, write a letter to God. In the letter tell how you will give him praise and thanks during the week.

_____

_____

_____

_____

_____

_____

_____

_____

_____

Closing Blessing

Gather and begin with the Sign of the Cross.

Leader: God, our Father, we praise and thank you for gathering us as your children. Send us your Holy Spirit to increase our faith and make our community strong. We ask this in the name of Jesus Christ our Lord.

All: Amen.

Leader: Go in peace.

All: Thanks be to God.

🎼 *Sing together.*

Glory to God. Glory to God.
Glory to God in the highest!
and on earth, peace on earth,
peace to people of good will.

© 2007, 2009, Daniel L. Schutte.
Published by OCP Publications.

Enfoque en la fe

- La Iglesia es el pueblo de Dios y el Cuerpo de Cristo.

- La eucaristía, o misa, es el acto de alabanza y agradecimiento más importante de la Iglesia.

- Los ritos iniciales nos reúnen como comunidad de fe.

Enfoque del rito
Procesión y gloria

La celebración se centró en la procesión y en el gloria. Cantaron el gloria y rezaron una letanía de gloria y alabanza a Dios. Durante la semana, reza y comenta el significado de los versos del gloria que se encuentran en la página 364.

Oración en familia

Dios amoroso, somos tu pueblo. Gracias por el don de la fe. Ayúdanos a estar cada vez más cerca como familia. Fortalece nuestra fe en ti. Amén.

Actúa

Compartan juntos Lee Hechos 2:42–47. Hablen acerca de cómo debe haber sido para los primeros cristianos vivir como una comunidad de fe. Pongan énfasis en el hecho de que compartían sus posesiones y llevaban una vida de oración. Escoge una manera en que tu familia puede continuar viviendo como una comunidad de fe, por ejemplo: ir a misa o compartir su tiempo y sus talentos con los demás.

Actúen juntos Hagan juntos una lista de todas las cosas por las que quieren dar gracias a Dios. Lean la lista en forma de letanía. Una persona dice: "Por el sol y la lluvia", y todos los demás responden: "Te damos gracias, Señor". Durante las próximas semanas, elige momentos adecuados para rezar una oración de acción de gracias solo o en familia.

Letanía

APRENDE en línea **www.osvcurriculum.com**
Visite nuestro sitio Web y encontrará lecturas semanales de la Sagrada Escritura y preguntas, recursos para la familia y otras actividades.

Faith at Home

Faith Focus

- The Church is the People of God and the Body of Christ.

- The Eucharist, or Mass, is the Church's most important action of praise and thanks.

- The Introductory Rites gather us as a community of faith.

Ritual Focus
Procession and Gloria

The celebration focused on the Procession and Gloria. You sang the Gloria and prayed a litany of glory and praise to God. During the week, pray and talk about the meaning of the verses of the Gloria found on page 181.

Family Prayer

Loving God, we are your people. Thank you for the gift of faith. Help us to grow closer as a family. Strengthen our faith in you. Amen.

Act

Share Together Read Acts 2:42–47. Talk about what it must have been like for the early Christians to live as a community of faith. Emphasize the sharing of their possessions and their prayer life. With your family members, choose one way your family can continue to live as a community of faith, such as going to Mass or sharing your time and talent with others.

Do Together Together with your family members make a list of all the things you want to thank God for. Read the list as a litany. One person prays, "For sun and rain," and everyone responds, "We thank you, God." During the weeks ahead, select appropriate times to pray this thanksgiving prayer with your family or by yourself.

Litany

GO online **www.osvcurriculum.com**
Visit our website for weekly Scripture readings and questions, family resources, and more activities.

Nos reunimos

Enfoque del rito: Acto penitencial

 Pueden cantar un cántico.

Líder: Oremos.

Hagan juntos la señal de la cruz.

Líder: Cada semana nos reunimos como una comunidad de fe. Dios quiere que estemos unidos a Él y los unos a los otros como una sola familia. Pensemos en las veces en las que no hemos estado unidos a Dios o a los demás.

Siéntense en silencio.

Oremos por el perdón y la misericordia de Dios.

Yo confieso

Acérquense y reúnanse alrededor del agua bendita y el cirio.

Todos: Yo confieso ante Dios todopoderoso y ante vosotros, hermanos, que he pecado mucho de pensamiento, palabra, obra y omisión. Por mi culpa, por mi culpa, por mi gran culpa. Por eso ruego a Santa María, siempre Virgen, a los ángeles y a los santos y a vosotros, hermanos y hermanas, que intercedáis por mí ante Dios, nuestro Señor.

Líder: El Señor perdone nuestros pecados y nos una a Él y los unos con los otros.

CHAPTER 9

We Are Forgiven

We Gather

Ritual Focus: Penitential Act

🎼 *Sing together.*

Create in me a clean heart,
   O God.
A clean heart, O God,
   create in me.

© 1998, Tom Kendzia. Published by OCP

Leader: Let us pray.

   *Make the Sign of the
   Cross together.*

Leader: Every week we come
together as a community
of faith. God wants us to be
united with him and with
one another as one family.
Let us be quiet now and
think about the times we
have not been united to
God or others.

   Sit silently.

Leader: Let us pray for God's
forgiveness and mercy.

Confiteor

*Come forward, and gather around the
holy water and candle.*

All: I confess to almighty God
and to you, my brothers and sisters,
that I have greatly sinned,
in my thoughts and in my words,
in what I have done and
   in what I have failed to do,

*Gently strike your chest with a closed
fist.*

All: through my fault, through my fault,
through my most grievous fault;

Continue:

All: therefore I ask blessed Mary ever-
   Virgin,
all the Angels and Saints,
and you, my brothers and sisters,
to pray for me to the Lord our God.

Leader: May God forgive our sins and
make us united with him and
one another.

All: Amen.

Escuchamos

Líder: Dios, Padre amoroso, tú que nos llamas al perdón y a la paz. Tú que nos quieres unidos en ti. Ayúdanos a perdonar a los demás así como tú nos perdonas. Te lo pedimos por Jesucristo, nuestro Señor.

Todos: Amén.

Líder: Lectura del santo Evangelio según san Mateo.

Todos: Gloria a ti, Señor.

Líder: *Lean Mateo 9:9–13.* Palabra del Señor.

Todos: Gloria a ti, Señor Jesús.

Siéntense en silencio.

Evangelicemos

Líder: Ofrezcámonos mutuamente la señal de la paz.

Dense la señal de la paz unos a otros.

Digan: "La paz del Señor esté contigo".

Respondan: "Y con tu espíritu".

Evangelicemos unidos en el amor de Dios.

Todos: Amén.

 Pueden cantar el cántico de entrada.

We Listen

Leader: God, our loving Father, you call us to forgiveness and peace. You want us to be united in you. We ask you to help us forgive others as you forgive us. We ask this through Jesus Christ our Lord.

All: Amen.

Leader: A reading from the holy Gospel according to Matthew.

All: Glory to you, O Lord.

Leader: *Read Matthew 9:9–13.*
The Gospel of the Lord.

All: Praise to you, Lord Jesus Christ.

Sit silently.

We Go Forth

Leader: Let us offer each other the Sign of Peace.

Give the Sign of Peace to one another.

Say: "The peace of the Lord be with you."

Answer: "And with your spirit."
Go forth united in God's love.

All: Amen.

Sing the opening song together.

El perdón de Dios

SIGNOS DE FE

Señor, ten piedad

A veces en la misa, durante el acto penitencial, decimos la oración Señor, ten piedad. Éstas son las palabras que las personas le dicen a Jesús cuando le piden que las sane. Cuando rezamos estas palabras en la misa, le pedimos a Jesús que nos sane y que perdone nuestros pecados y los pecados del mundo. Queremos el perdón para todos y que por siempre estemos unidos a Dios y entre nosotros.

Reflexiona

Yo confieso En la celebración rezaste el yo confieso. Con un compañero, comenta sobre qué significa esa oración para ustedes. De su conversación, desarrollen tres o cuatro movimientos de manos que puedan ser usados para expresar el significado de la oración mientras la rezan. Ilustren esos movimientos de manos y escriban junto a las ilustraciones las palabras que expresan lo que significan.

God's Forgiveness

**Lord Have Mercy
(*Kyrie, eleison*)**

Sometimes in the Mass, during the Penitential Act, we say the prayer, "Lord Have Mercy (*Kyrie, eleison*)." These are the words that people say to Jesus when they ask him to heal them. When we pray these words at Mass, we ask Jesus to heal and forgive our sins and the sin of the world. We want everyone to be forgiven and united to God and one another forever.

Reflect

Confiteor In the celebration you prayed the Confiteor. With a partner, talk about what that prayer means to each of you. From your conversation develop three or four hand motions that could be used to express the meaning of the prayer as you pray it. Illustrate those hand motions and write the words that express what they mean next to the illustrations.

Todos somos uno

Así como nuestros padres quieren que nuestra familia esté unida, o que sea una, también Dios quiere que permanezcamos unidos a Él. Él quiere que amemos y cuidemos a los demás, pero sabemos que, a veces, no les mostramos amor a los demás y no siempre los cuidamos.

Al principio de la misa, confesamos nuestros pecados a Dios y a los demás en el yo confieso. Cuando la asamblea reza el yo confieso junta, nos unimos en nuestra culpa y nuestra necesidad del perdón y la gracia de Dios.

SIGNOS DE FE

Silencio

En la misa hay momentos especiales de silencio. Estos momentos nos unen a Dios. Durante estos momentos hablamos con Dios en nuestro corazón. Mantenemos la mente y el corazón abiertos a lo que Dios desea compartir con nosotros.

We Are One

Just like our parents want our families to be united, or joined together, God wants us to be united to him. He wants us to love and care for others, but we know that sometimes we do not show love to others and we are not always caring.

At the beginning of the Mass, we confess our sinfulness to God and one another in the Confiteor. When the assembly prays the Confiteor together, we are united in our sinfulness and in our need for God's forgiveness and mercy.

SIGNS OF FAITH

Silence

There are special times of quiet at Mass. These times of silence unite us to God. During the silent times we can listen or speak to God in our hearts. We keep our minds and hearts open to what God may be sharing with us.

Jesús llama a los pecadores

Enfoque en la fe
¿Por qué comió Jesús con los pecadores?

Jesús se hacía amigo de las personas que se habían apartado de Dios. Comía y bebía con ellas. Quería que supieran que Dios, su Padre, las acogía y deseaba que estuvieran unidas a Él.

Sagrada Escritura

MATEO 9:9–13

El llamado de Mateo

Un día, mientras Jesús caminaba de pueblo en pueblo, vio a Mateo, un cobrador de impuestos, sentado en su puesto de trabajo. Jesús le dijo: "Sígueme". Y Mateo se levantó y lo siguió. Y mientras Jesús y sus discípulos comían en la casa de Mateo, muchos cobradores de impuestos y pecadores vinieron y se sentaron con ellos.

Jesus Calls Sinners

Faith Focus
Why did Jesus eat with sinners?

Jesus made friends with people who had turned away from God. He ate and drank with them. He wanted them to know that God, his Father, welcomed them and wanted to be one with them.

Scripture

MATTHEW 9:9–13

The Call of Matthew

One day as Jesus was walking from town to town, he saw Matthew, a tax collector, sitting at the customs post. He said to him, "Follow me." And Matthew got up and followed him. While he was at the table in his house, many tax collectors and sinners came and sat with Jesus and his disciples.

Los fariseos, que eran líderes judíos y maestros, vieron a Jesús comiendo con los pecadores y los cobradores de impuestos y le dijeron a sus discípulos: —¿Por qué tu maestro come con los pecadores y cobradores de impuesto? Cuando Jesús escuchó la pregunta dijo: —Aquellos que están sanos no necesitan un doctor, pero los enfermos sí. Vayan y aprendan el significado de las palabras "Deseo la gracia, no el sacrificio". Pues no he venido a llamar a los justos, sino a los pecadores.

BASADO EN MATEO 9:9–13

 ¿Por qué comió Jesús con los pecadores?

 ¿Cómo te hace sentir que Jesús comiera con los pecadores?

La fe en el hogar

Lee el relato de la Sagrada Escritura con los miembros de tu familia. Comenten situaciones en las que algunos de tus familiares o compañeros de escuela se sienten ignorados. Hablen sobre las posibles formas en que pueden ayudarlos.

Comparte

Representación Reúnanse en grupos pequeños o con un compañero y describan una situación de la vida real que pueda sucederle a alguien de tu edad porque no quiera incluir a alguien que es rechazado por los demás. Representa una respuesta cristiana.

The Pharisees, who were Jewish leaders and teachers, saw Jesus eating with sinners and tax collectors, and they said to Jesus' disciples, "Why does your teacher eat with tax collectors and sinners?" When Jesus heard their question, he said, "Those who are well do not need a physician, but the sick do. Go and learn the meaning of the words, 'I desire mercy, not sacrifice.' I did not come to call the righteous but sinners."

BASED ON MATHEW 9:9–13

❓ **Why did Jesus eat with sinners?**

❓ **How do you feel about Jesus eating with sinners?**

Faith at Home

Read the scripture story with your family members. Discuss situations where people in your family or school feel left out. Talk about ways you can reach out to them.

Share

Role-play Gather in small groups or with a partner and describe a real-life situation that someone your age might face because he or she does not want to include someone who is disliked or looked down upon by others. Role-play a Christian response.

Acto penitencial

SIGNOS DE FE

Aspersión del agua bendita
Durante algunas misas dominicales, el sacerdote camina por la iglesia y rocía a la asamblea con agua bendita. Esta aspersión nos recuerda nuestro bautismo. Cuando el sacerdote hace la aspersión con el agua, ésta sustituye el acto penitencial.

Enfoque en la fe

¿Qué sucede durante el acto penitencial?

Igual que los pecadores de los tiempos de Jesús, a veces necesitamos que Jesús nos vuelva a llamar a amar a su Padre:

- cuando hacemos cosas que hieren a los demás;

- cuando no ayudamos a aquellos que nos necesitan;

- cuando no seguimos la ley de Dios y hacemos lo que sabemos que está mal.

Cuando hacemos estas cosas, no somos uno con Dios ni con nuestro prójimo. Pero, cuando venimos a la misa a compartir una comida con Jesús, Él nos da la bienvenida. Es un momento para volver a ser uno con Dios y con los demás. La eucaristía es un sacramento de perdón y de unidad. Sin embargo, quien no haya confesado sus pecados mortales debe recibir el sacramento de la penitencia antes de la santa Comunión.

Penitential Act

Sprinkling with Holy Water
During some Sunday Masses, the priest walks through the Church and sprinkles the assembly with holy water. The sprinkling reminds us of our Baptism. When the priest does the sprinkling with holy water, it takes the place of the Penitential Act.

Faith Focus
What happens during the Penitential Act?

Like the sinners in Jesus' time, sometimes we need Jesus to call us back to loving our Father:

- We may do things that hurt other people's feelings.

- We may fail to do things for people who need our help.

- We may not follow God's law and instead choose to do what we know is wrong.

When we do these things, we are not at one with God or others. When we come to Mass to share a meal with Jesus, Jesus welcomes us. It is a time to become one again with God and others. The Eucharist is a sacrament of forgiveness and unity. However, anyone who has not confessed mortal sins must first receive the Sacrament of Penance before going to Holy Communion.

Nos arrepentimos

Después del canto de entrada y del saludo, oramos juntos para pedirle perdón a Dios durante el acto penitencial. Le pedimos a Dios que a todos nos haga uno otra vez. El sacerdote nos invita a confesar nuestros pecados a Dios y a los demás.

Rezamos el yo confieso, una oración de arrepentimiento que empieza con las palabras "Yo confieso". A veces rezamos también el Señor, ten piedad. Cuando hacemos esto, el sacerdote ora tres oraciones a Jesús, a las cuales nosotros respondemos: "Señor, ten piedad; Cristo, ten piedad; Señor, ten piedad". Al final del acto penitencial, el sacerdote dice esta oración:

"Dios todopoderoso, tenga misericordia de nosotros, perdone nuestros pecados y nos lleve a la vida eterna".

Después del acto penitencial, el Espíritu Santo continúa uniéndonos como asamblea. Terminan así los ritos iniciales. Ahora estamos preparados para escuchar la Palabra de Dios.

❓ ¿Por qué es importante el acto penitencial para la asamblea?

La fe en el hogar

En familia, recuerden las veces en que cada uno ha dicho "me arrepiento" y ha pedido perdón a otra persona. Hablen sobre cómo expresar pesar y pedir perdón puede ayudar a que la relación de ustedes con los demás crezca y se fortalezca. Usa las páginas 200 y 202 para aprender las respuestas y las oraciones del acto penitencial.

We Are Sorry

After the opening song and greeting, we pray together for God's forgiveness during the Penitential Act. We ask God to make us one again. The priest invites us to confess our sins to God and one another.

We pray the Confiteor, a prayer of sorrow that begins with the words "I confess." Sometimes we pray the Lord Have Mercy (*Kyrie, eleison*). When we do this, the priest prays three prayers to Jesus, and we answer him. We pray, "Lord have mercy, Christ have mercy, Lord have mercy" or "Kyrie, eleison, Christe, eleison, Kyrie, eleison." At the end of the Penitential Act, the priest says this prayer:

"May almighty God have mercy on us, forgive us our sins, and bring us to everlasting life."

After the Penitential Act, the Holy Spirit continues to unite us as an assembly. We are now ready to listen to God's word.

❓ **Why is the Penitential Act important for the assembly?**

Faith at Home

With family members, remember times when each of you said you were sorry and asked forgiveness of one another. Then talk about how expressing sorrow and asking forgiveness can help your relationships with one another grow and become stronger. Use pages 201 and 203 to learn the responses and prayers for the Penitential Act.

Perdonamos

Responde

Construye un tablero de anuncios Muestra las formas en que perdonas en la casa, en la escuela o en la iglesia. Usa palabras y dibujos.

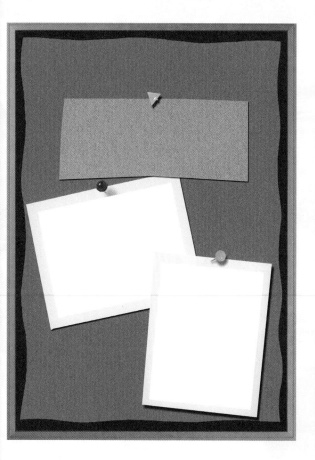

Bendición final

Reúnanse y comiencen con la señal de la cruz.

Líder: Dios Padre, te alabamos y te damos gracias por ser un Dios compasivo.

Todos: Amén.

Líder: Jesús, nuestro Salvador, te alabamos y te damos gracias por recibir a los pecadores y por enseñarnos a vivir y a amar.

Todos: Amén.

Líder: Espíritu Santo, dador de los dones de Dios, te alabamos y te damos gracias por darnos el valor de decir "Perdóname" y de perdonar a los demás.

Todos: Amén.

🎼 *Pueden cantar un cántico.*

We Forgive

Respond

Make a bulletin board   Display ways you forgive at home, school, or at church. Use words and drawings.

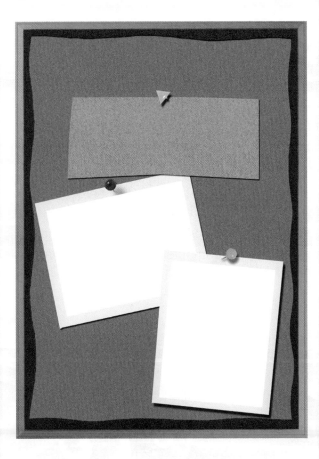

Closing Blessing

Gather and begin with the Sign of the Cross.

Leader: God, our Father, we praise and thank you for being a God who forgives.

All: Amen.

Leader: Jesus, our Savior, we praise and thank you for welcoming sinners and showing us how to live and love.

All: Amen.

Leader: Holy Spirit, giver of God's gifts, we praise and thank you for giving us courage to say "I am sorry" and to forgive others.

All: Amen.

Sing together.

Create in me a clean heart, O God.
A clean heart, O God, create in me.

La fe en el hogar

Enfoque en la fe

- La eucaristía es un sacramento de unidad y de perdón.

- El pecado nos impide que seamos un solo pueblo de Dios.

- Durante el acto penitencial, confesamos nuestros pecados y le pedimos perdón a Dios.

Enfoque del rito
Acto penitencial

La celebración se centró en el acto penitencial. Rezaron el yo confieso. Esta semana, reza el yo confieso antes de dormirte.

Oración en familia

Dios misericordioso, gracias por perdonarnos siempre. Por el poder del Espíritu Santo, ayúdanos a cambiar y a parecernos más a tu Hijo Jesús. Haznos a todos uno en el amor contigo y con los demás. Amén.

Actúa

Compartan juntos Al decir "Perdóname" y "Te perdono", realizamos actos importantes en la vida de una familia. El pedir perdón y el perdonar pueden fortalecer las relaciones. A veces buscamos el perdón de manera indirecta, haciendo algo especial por la persona a la que ofendimos. Pide a cada miembro de tu familia que dibuje cómo ha visto a alguno de ustedes perdonar a otro. Invítalos a comentar lo que el dibujo representa.

Actúen juntos Admitir que nos hemos ofendido mutuamente y decir "Perdóname" no siempre son cosas fáciles de hacer. Escoge un momento para que toda la familia se reúna a orar. Comiencen con la oración Ven, Espíritu Santo, de la página 366 de este libro. Invita a los miembros de tu familia a pedir perdón, a otorgarlo y a recibirlo por las veces que pudieron haberse ofendido mutuamente durante la semana.

Faith at Home

Faith Focus

- The Eucharist is a sacrament of unity and forgiveness.

- Sin keeps us from being one People of God.

- During the Penitential Act we confess our sinfulness and ask God's forgiveness.

Ritual Focus
Penitential Act

The celebration focused on the Penitential Act. You prayed the Confiteor. This week at bedtime, pray the Confiteor before going to sleep.

Family Prayer

God of Mercy, thank you for always forgiving us. By the power of the Holy Spirit, help us to change and become more like your Son, Jesus. Make us one in love with you and all the people in our lives. Amen.

Act

Share Together Saying "I'm sorry" and "I forgive you" are important moments in the life of a family. Asking for and giving forgiveness can strengthen relationships. Sometimes we seek forgiveness in indirect ways by doing something special for the person we hurt. Have each family member draw a picture of one way they have seen a family member forgive another. Invite family members to share the story behind the picture.

Do Together Admitting we have hurt one another and saying "I am sorry" are not always easy things to do. Choose a time for family members to gather for prayer. Open with the prayer Come, Holy Spirit on page 367 of this book. Invite family members to ask for, give, and receive forgiveness for the times they may have hurt one another during the week.

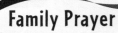 **www.osvcurriculum.com**
Visit our website for weekly Scripture readings and questions, family resources, and more activities.

10 Escuchamos

Nos reunimos

Procesión

Mientras cantan, caminen lentamente. Sigan a la persona que lleva la Biblia.

 Pueden cantar un cántico.

Líder: Oremos.

Hagan juntos la señal de la cruz.

Escuchamos

Líder: Padre, envía al Espíritu Santo para que nos abra los oídos y el corazón, de manera que podamos escuchar y vivir tu Palabra. Te lo pedimos en el nombre de Jesús.

Todos: Amén.

Líder: Lectura del santo Evangelio según san Mateo.

Todos: Gloria a ti, Señor.

Enfoque del rito: Persignarse

Líder: Padre amoroso, queremos vivir según tu Palabra. Que tu Palabra esté en nuestra mente.

Hagan la señal de la cruz sobre su frente.

10 We Listen

We Gather

Procession

*As you sing, walk forward slowly.
Follow the person carrying
the Bible.*

🎼 *Sing together.*

Open my ears, Lord.
Help me to hear your voice.
Open my ears, Lord.
Help me to hear.

© 1998, Jesse Manibusan.
Published by OCP Publications

Leader: Let us pray.

*Make the Sign of the
Cross together.*

We Listen

Leader: Father, send the Holy Spirit
to open our ears and hearts
that we may hear and live
your word. We ask this in
Jesus' name.

All: Amen.

Leader: A reading from the holy Gospel
according to Matthew.

All: Glory to you, O Lord.

Ritual Focus: Signing

Leader: Loving Father, we want to live
by your word. May your word
be in our minds.

*Trace the Sign of the
Cross on your forehead.*

Líder: Que tu Palabra esté en nuestros labios.

Hagan la señal de la cruz sobre sus labios.

Líder: Que tu Palabra esté en nuestros corazones.

Hagan la señal de la cruz sobre su corazón.

Líder: Te lo pedimos por Jesucristo, nuestro Señor.

Todos: Amén.

Líder: *Lean Mateo 13:1–23.* Palabra del Señor.

Todos: Gloria a ti, Señor Jesús.

Siéntense en silencio.

Evangelicemos

Líder: Padre amoroso, te damos gracias por tu Palabra. Ayúdanos a recordarla y a compartirla. Te lo pedimos por Jesucristo, nuestro Señor.

Todos: Amén.

Pueden cantar el cántico de entrada.

Leader: May your word be on our lips.

Trace the Sign of the Cross on your lips.

Leader: May your word be in our hearts.

Trace the Sign of the Cross on your heart.

Leader: We ask this through Jesus Christ our Lord.

All: Amen.

Leader: *Read Matthew 13:1–23.* The Gospel of the Lord.

All: Praise to you, Lord Jesus Christ.

Sit silently.

We Go Forth

Leader: Loving God, we thank you for your word. Help us remember and share it. We ask this through Jesus Christ our Lord.

All: Amen.

🎼 *Sing the opening song together.*

La Palabra de Dios

SIGNOS DE FE

La señal de la cruz

En el bautismo, a cada uno de nosotros nos marcaron con la señal de la cruz. La señal de la cruz nos identifica como seguidores de Jesús. Cada vez que nos persignamos, recordamos nuestro bautismo. En el bautismo, se nos llama a ser los discípulos que siguen la Palabra de Dios.

Reflexionamos

Persignarse   En la celebración hiciste la señal de la cruz sobre tu frente, tus labios y tu corazón. Rezaste para que la palabra de Dios esté en tu mente, en tus labios y en tu corazón. Escribe un párrafo explicando lo que significa esto para ti.

_____

_____

_____

_____

_____

_____

_____

_____

_____

_____

224

God's Word

The Sign of the Cross

Each of us is signed with the Sign of the Cross at our Baptism. The Sign of the Cross marks us as followers of Jesus. Every time we sign ourselves with the Sign of the Cross, we remember our Baptism. In Baptism we are called to be disciples who follow God's word.

Reflect

Signing In the celebration, you traced the Sign of the Cross on your forehead, lips, and heart. You prayed that God's word would be in your mind, on your lips, and in your heart. Write a paragraph explaining what this means for you.

_____

_____

_____

_____

_____

_____

_____

_____

_____

_____

La Biblia

Sabemos que la **Biblia** es la Palabra misma de Dios. Otro nombre dado a la Biblia es Sagrada Escritura. Escritura significa "escrito". Dios inspiró a los humanos para que escribieran relatos de su amor y amistad. En la misa, escuchamos estos relatos y los recordamos. La Buena Nueva de la Biblia es la misma Buena Nueva que enseñó Jesús.

Dios Padre, Hijo, y Espíritu Santo están con nosotros cuando oramos para que la Palabra de Dios esté en nuestra mente, en nuestros labios y en nuestro corazón. Ellos nos ayudan a escuchar la Buena Nueva y a compartirla con los demás.

SIGNOS DE FE

La Biblia

La Biblia tiene dos partes. Éstas son el Antiguo Testamento y el Nuevo Testamento. El Antiguo Testamento cuenta relatos de la amistad de Dios con su pueblo antes del nacimiento de Jesús. El Nuevo Testamento cuenta relatos de Jesús y del pueblo en tiempos de la Iglesia primitiva.

The Bible

We know that the **Bible** is God's own word. Another name for the Bible is Scriptures. *Scripture* means "writings." God inspired humans to write stories of his love and friendship. At Mass we listen to and remember those stories. The good news of the Sacred Scriptures is the same good news that Jesus taught.

God the Father, Son, and Holy Spirit are with us when we pray for God's word to be in our minds, on our lips, and in our hearts. They help us hear the good news and share it with others.

SIGNS OF FAITH

The Bible

The Bible has two parts. The parts of the Bible are the Old Testament and the New Testament. The Old Testament tells stories of the friendship between God and his people before the birth of Jesus. The New Testament tells the stories of Jesus and the people in the early Church.

Escuchar la Palabra de Dios

Enfoque en la fe
¿Por qué escuchamos la Palabra de Dios?

Jesús era un narrador de historias. Él contó muchos relatos acerca de Dios. Encontramos estos relatos en los evangelios. *Evangelio* quiere decir "Buena Nueva". Muchos de los relatos de Jesús son parábolas, historias cortas que enseñan un mensaje y nos ayudan a pensar en nuestra relación con Dios. Nos ayudan a escuchar y a entender el mensaje de la Buena Nueva de Jesús.

Un día, Jesús contó un relato sobre un sembrador. Un sembrador es una persona que siembra semillas en la tierra para que crezcan.

Sagrada Escritura

MATEO 13:1–23

El sembrador

Un sembrador salió a sembrar. Mientras sembraba, algunas semillas cayeron en el camino y los pájaros vinieron y se las comieron. Otras cayeron en terreno pedregoso. Crecieron rápidamente porque la tierra no era profunda y, cuando salió el sol, se marchitaron por falta de raíces. Algunas semillas cayeron entre cardos y los cardos crecieron y las ahogaron. Pero otras semillas cayeron en suelo rico y produjeron fruto, unas el ciento, otras el sesenta y otras el treinta por uno. El que tenga oídos que escuche.

Hear God's Word

Faith Focus

Why do we listen to God's word?

Jesus was a storyteller, and he told many stories about God. We find his stories in the Gospels. The word *gospel* means "good news." Many of Jesus' stories are parables, which are short stories that make a point and help us think about our relationship with God. They help us listen to and understand Jesus' message of good news.

One day Jesus told a parable about a sower. A sower is a person who puts seeds on the ground so they can grow.

MATTHEW 13:1–23

The Sower

"A sower went out to sow. And as he sowed, some seed fell on the path, and birds came and ate it up. Some fell on rocky ground, where it had little soil. It sprang up at once because the soil was not deep, and when the sun rose it was scorched, and it withered for lack of roots. Some seed fell among thorns, and the thorns grew up and choked it. But some seed fell on rich soil, and produced fruit, a hundred or sixty or thirtyfold. Whoever has ears ought to hear."

Los discípulos se le acercaron y le dijeron: —¿Por qué les hablas en parábolas? Jesús contestó: —Porque ellos miran pero no ven y oyen pero no escuchan ni entienden.

Jesús continuó explicando el relato: —Escuchen la parábola del sembrador. La semilla que cayó en el camino es el que oye la Palabra del Reino sin entenderla, y entonces el mal viene y se roba lo que fue sembrado en su corazón. La semilla que cayó en terreno pedregoso es el que oye la Palabra y la recibe enseguida con alegría. Pero no tiene raíces y sólo permanece por un tiempo. Cuando alguna tribulación o persecución llega por culpa de la Palabra, inmediatamente se viene abajo. La semilla que cayó entre cardos es el que escucha la Palabra, pero las preocupaciones de esta vida y los encantos de la riqueza la ahogan y al final no produce fruto. Pero la semilla sembrada en suelo rico es la que escucha la Palabra, la entiende y produce frutos cien, sesenta o treinta veces más.

BASADA EN MATEO 13:1–23

? **¿Cuál de las descripciones de Jesús se aplica a los jóvenes de hoy?**

? **¿Qué pasos puedes tomar para escuchar y comprender la Palabra de Dios?**

La fe en el hogar

Lee el relato de la Sagrada Escritura con los miembros de tu familia. Respondan a la pregunta y comenten las respuestas de todos. Comenten los ejemplos que Jesús dio y cómo se relacionan con cada uno de ustedes. Escoge una forma en que tus familiares pueden ayudarse los unos a los otros a escuchar la Palabra de Dios y a seguirla.

Comparte

Escribe un relato moderno En grupos pequeños, elijan a una de las personas sobre las que Jesús habló en el relato. Escriban un relato actual sobre lo que puede pasarle a esa persona cuando "la semilla" caiga sobre ella.

The disciples approached him and said, "Why do you speak to them in parables?" Jesus answered, "because they look but do not see and hear but do not listen or understand."

Jesus went on to explain the story. He said, "Hear then the parable of the sower. The seed sown on the path is the one who hears the word of the kingdom without understanding it, and the evil one comes and steals away what was sown in his heart. The seed sown on rocky ground is the one who hears the word and receives it at once with joy. But he has no root and lasts only for a time. When some tribulation or persecution comes because of the word, he immediately falls away. The seed sown among thorns is the one who hears the word, but then worldly anxiety and the lure of riches choke the word and it bears no fruit. But the seed sown on rich soil is the one who hears the word and understands it, who indeed bears fruit and yields a hundred or sixty or thirtyfold."

BASED ON MATTHEW 13:1–23

? **Which of Jesus' descriptions applies to young people today?**

? **What steps can you take to hear and understand God's word?**

Faith at Home

Read the scripture story with your family members. Answer the questions, and discuss everyone's responses. Discuss the examples Jesus gives and how they relate to each of you. Decide one way your family can help each other listen to God's word and follow it.

Share

Write a modern-day story In small groups, choose one of the people Jesus was talking about in the parable. Make up a modern-day story of what might happen to that person when the "seed" falls on them.

La Liturgia de la Palabra

SIGNOS DE FE

Las lecturas

Las lecturas se leen desde un lugar llamado **ambón**. El lector lee la primera y la segunda lectura de un libro llamado **leccionario**. El leccionario tiene todas las lecturas de la Biblia para cada domingo. El Evangelio se lee del **evangeliario**, que se lleva en procesión durante los ritos de iniciación para mostrar la importancia de los cuatro Evangelios.

Enfoque en la fe

¿Qué pasa durante la Liturgia de la Palabra?

La misa tiene dos partes muy importantes. La primera parte es la Liturgia de la Palabra. La segunda parte es la Liturgia eucarística. En la Liturgia de la Palabra, celebramos la presencia de Jesús en la Palabra. En la Liturgia eucarística, celebramos la presencia de Jesús en el pan y el vino.

Durante la Liturgia de la Palabra, escuchamos tres lecturas de la Biblia. Por lo general, la primera lectura está tomada del Antiguo Testamento. La segunda lectura está tomada del Nuevo Testamento y cuenta en mayor detalle la historia de los primeros discípulos de Jesús. Entre las dos primeras lecturas, cantamos o rezamos un salmo del Antiguo Testamento. El salmo es una respuesta a la Palabra de Dios. Se llama salmo responsorial.

Evangelio

La tercera lectura siempre es tomada de uno de los cuatro evangelios. Cada evangelio cuenta el relato de la vida, muerte y Resurrección de Jesús. Estos son el corazón de la Sagrada Escritura porque cuentan la Buena Nueva de Jesús. Durante la misa, saludamos con alegría la lectura del Evangelio. La mayoría de los domingos, a excepción de la Cuaresma, rezamos o cantamos "Aleluya", que significa "Alabado sea el Señor". Algunas veces, el sacerdote o diácono inciensa el evangeliario antes de proclamar el Evangelio.

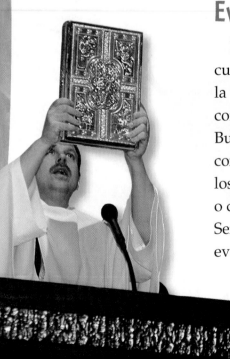

The Liturgy of the Word

The Readings

The readings are read from a place called the **ambo**. The reader reads the first and second readings from a special book called the **lectionary**. The lectionary has all the Bible readings for every Sunday in it. The Gospel is read from the **Book of the Gospels**, which is carried in procession during the Introductory Rites to show the importance of the four Gospels.

Faith Focus

What happens during the Liturgy of the Word?

The Mass has two very important parts. The first part is the Liturgy of the Word. The second part is the Liturgy of the Eucharist. In the Liturgy of the Word, we feast on Jesus' presence in the word. In the Liturgy of the Eucharist, we feast on Jesus' presence in his Body and Blood.

During the Liturgy of the Word, we listen to three readings from the Bible. The first reading is usually from the Old Testament. The second reading is from the New Testament and tells more about the story of the early followers of Jesus. Between the first two readings, we sing or pray a psalm from the Old Testament. The psalm is a response, or answer, to God's word. It is called the Responsorial Psalm.

Gospel

The third reading always comes from one of the four Gospels. Each Gospel tells the story of the life, death, and Resurrection of Jesus. They are the heart of the Scriptures because they tell the good news of Jesus.

During the Mass we stand and greet the Gospel reading with joy. Most Sundays, except during Lent, we say or sing "Alleluia," which means "Praise the Lord." Sometimes the priest or deacon will incense the Book of the Gospels before the Gospel is proclaimed.

Nuestra respuesta

Después de las lecturas, el sacerdote o el diácono dice una homilía para ayudarnos a entender y seguir la Palabra de Dios que acabamos de escuchar. Hay un período de silencio después de la homilía en el que pensamos cómo llevar la Palabra en nuestras vidas.

Respondemos a la Palabra de Dios cuando nos ponemos de pie y rezamos el credo. En el credo, profesamos con orgullo lo que creemos de Jesús y la Iglesia. El Festín de la Palabra de Dios hace que queramos compartir con los que tienen ansias de la Buena Nueva. Cerramos la Liturgia de la Palabra rezando juntos por las necesidades de la Iglesia y de todas las personas del mundo. Estas oraciones especiales se llaman intercesiones generales u oración de los fieles. El credo y la oración de los fieles son nuestra respuesta a la Palabra de Dios.

La fe en el hogar

Antes de ir a misa este fin de semana, recuerda a los miembros de tu familia escuchar con cuidado las lecturas y la homilía. Después de la misa, dediquen tiempo a hablar sobre la relación entre las lecturas o la homilía y la vida de tu familia.

? **¿Cómo llamamos a la parte de la misa en la que escuchamos la Palabra de Dios?**

234

Our Response

After the readings the priest or deacon gives a homily to help us understand and follow God's word we have just heard. There is a period of silence after the homily when we think about how to live the word in our lives.

We respond to God's word when we stand and pray the Creed. In the Creed we proudly profess what we believe about the Trinity and the Church. Feasting on God's word makes us want to share with others who are hungry for good news. We close the Liturgy of the Word by praying together for the needs of the Church and for all people around the world. These special prayers called the Prayer of the Faithful, Universal Prayer, or Bidding Prayers are our response to hearing God's word.

Faith at Home

Before going to Mass this weekend, remind family members to listen carefully to the readings and homily. Spend some time after Mass discussing how the readings or the homily relates to your family life.

? **What do we call the part of the Mass when we listen to God's word?**

Comparte la Palabra de Dios

Responde

Haz un cartel Recorta historias e ilustraciones de diarios y revistas que muestren que la Palabra de Dios está viva hoy en las personas y en los acontecimientos. Pega ilustraciones en el cartel. Selecciona una de ellas y un relato y cuenta por qué los seleccionaste. Describe cómo vas a hacer algo parecido esta semana que muestre que la Palabra de Dios está viva en tu vida.

Bendición final

Reúnanse y comiencen con la señal de la cruz.

Líder: Te alabamos y te damos gracias, Señor, por el regalo de tu Palabra.

Todos: Aleluya

Líder: Ayúdanos a evangelizar y a escuchar tu Palabra en todo lo que hacemos. Múestranos cómo decir tu Buena Nueva a los demás.

Todos: Amén.

Pueden cantar un cántico.

Share God's Word

Respond

Make a poster   Using newspapers and magazines, cut out stories and pictures that show God's word alive today in people and events. Paste the pictures on poster board. Choose one of the stories or pictures, and tell why you chose it. Describe how you are going to do something similar this week to show that God's word is alive in your own life.

Closing Blessing

Gather and begin with the Sign of the Cross.

Leader: We praise and thank you, Lord, for the gift of your word.

All: Alleluia.

Leader: Help us to go forth and listen for your word in all we do. Show us how to speak your good news to others.

All: Amen.

 Sing together.

Open my ears, Lord.
Help me to hear your voice.
Open my ears, Lord.
Help me to hear.

© 1998, Jesse Manibusan.
Published by OCP Publications

La fe en el hogar

Enfoque en la fe

- La Biblia es la Palabra de Dios escrita con palabras humanas.

- Escuchamos la Palabra de Dios durante la Liturgia de la Palabra.

- Cuando escuchamos la Palabra de Dios, queremos compartirla con los demás.

Enfoque del rito
Persignarse

La celebración se centró en persignarse y escuchar la Palabra de Dios. Rezaron cuando se persignaron sobre la frente, los labios y el corazón antes de escuchar el Evangelio. Rezaron para que la Palabra de Dios estuviera con ustedes. En momentos adecuados durante la semana, reza la oración de la señal de la cruz que está en las páginas 220 y 222 con tu familia.

Oración en familia

Jesús, bendícenos esta semana cuando escuchemos tu Palabra. Abre nuestros ojos, nuestro corazón y nuestra mente para que podamos ser seguidores más fieles y podamos tener el valor de transmitir tu Palabra a todos los que conocemos. Amén.

Actúa

Compartan juntos Nombra a algunas personas de tu vecindario o del mundo que necesitan ver viva hoy la Palabra de Dios. Escriban una oración de los fieles en familia y récenla esta semana cuando estén juntos.

Actúen juntos Lee Mateo 13:1–23 y habla sobre la pregunta "¿Cómo podemos llevar, esta semana, la Palabra de Dios a alguien necesitado?". Revisa el boletín parroquial para buscar el nombre de aquellos que agradecerían recibir una tarjeta de bienvenida o una tarjeta de aliento. Pide a los miembros de tu familia que incluyan sus versos preferidos en la tarjeta.

238

Faith Focus

- The Bible is God's word written in human words.

- We listen to the word of God during the Liturgy of the Word.

- When we listen to God's word, we want to share it with others.

Ritual Focus
Signing

The celebration focused on Signing and listening to God's word. You prayed by signing yourself with the Sign of the Cross on your forehead, lips, and heart before the Gospel was proclaimed. You prayed that God's word would be with you. At appropriate times during the week, pray the signing prayer on pages 221 and 223 with your family.

Family Prayer

Jesus, bless us as we listen for your word this week. Open our eyes, our hearts, and our minds that we will become more faithful followers and have the courage to spread your word to all those we meet. Amen.

Act

Share Together Have your family members name people in your neighborhood or the world who are in need of seeing God's word alive today. Create a family prayer of the faithful, and pray it this week during times you are together.

Do Together Read Matthew 13:1–23, and talk about the question, "How can we bring the word of God to someone in need this week?" Check in your parish bulletin for the names of those who might appreciate a get-well card or a card of encouragement. Have family members include their favorite verses in the card.

Mom
Dad
Sheila
Aunt Kathy
Uncle Bill

11

Nos reunimos

Procesión

Mientras cantan, caminen lentamente. Sigan a la persona que lleva la cruz y la Biblia.

 Pueden cantar un cántico.

Líder: Oremos.

Hagan juntos la señal de la cruz.

Enfoque del rito: Honrar la cruz

Líder: Dios nos da muchos dones. Nos da el sol y la lluvia. Nos da la familia y los amigos. Nos da la vida. El don más importante que Dios nos da es Jesús, su Hijo. Jesús nos muestra cómo vivir. Cuando Jesús murió en la cruz, dio su vida por todas las personas. Pensemos en el don tan maravilloso que nos dio Jesús.

Siéntense en silencio.

Vengan adelante y pongan la mano en la cruz.

11

We Gather

Procession

As you sing, walk forward slowly. Follow the person carrying the Bible.

 Sing together.

We praise you, O Lord,
For all your works are
     wonderful.
We praise you, O Lord,
Forever is your love.

© 1978, Damean Music.
Distributed by GIA Publications

Leader: Let us pray.

Make the Sign of the Cross together.

Ritual Focus: Honoring the Cross

Leader: God gives us many gifts. He gives us sun and rain. He gives us family and friends. He gives us our life. The most important gift God gives us is his Son, Jesus. Jesus shows us how to live. When Jesus died on the cross, he gave his life for all people. Let us think about what a wonderful gift Jesus gave us.

Sit silently.

Come forward, and put your hand on the cross.

241

Escuchamos

Líder: Dios de bondad, abre nuestro corazón para escuchar tu Palabra. Te lo pedimos por Jesucristo, nuestro Señor.

Todos: Amén.

Líder: Lectura del santo Evangelio según san Juan.

Todos: Gloria a ti, Señor.

Hagan la señal de la cruz sobre su frente, sus labios y su corazón.

Líder: *Lean Juan 13:4–16.*

Palabra del Señor.

Todos: Gloria a ti, Señor Jesús.

Siéntense en silencio.

Líder: Señor Dios, envíanos el Espíritu Santo para que nos enseñe a vivir por los demás. Te lo pedimos en el nombre de tu Hijo Jesús.

Todos: Amén.

Líder: Oremos como Jesús nos enseñó:

Recen juntos el padrenuestro.

Ofrezcámonos mutuamente la señal de la paz.

Dense unos a otros la señal de la paz de Cristo.

Digan: "La paz del Señor esté contigo".

Respondan: "Y con tu espíritu".

Evangelicemos

Líder: Dios amoroso, envíanos a compartir nuestra vida con los demás. Te lo pedimos por Jesucristo, nuestro Señor.

Todos: Amén.

♪ *Pueden cantar el cántico de entrada.*

242

We Listen

Leader: Gracious God, open our hearts to hear your word. We ask this through Jesus Christ our Lord.

All: Amen.

Leader: A reading from the holy Gospel according to John.

All: Glory to you, O Lord.

Trace the Sign of the Cross on your forehead, lips, and heart.

Leader: Read John 13:4–16.

The Gospel of the Lord.

All: Praise to you, Lord Jesus Christ.

Sit silently.

Leader: Lord God, send us the Holy Spirit to show us how to live for others. We ask this in the name of Jesus, your Son.

All: Amen.

Leader: Let us pray as Jesus taught us:

Pray the Lord's Prayer together.

Let us offer each other the Sign of Peace.

Offer one another a sign of Christ's peace.

Say: "The peace of the Lord be with you."

Answer: "And with your spirit."

We Go Forth

Leader: Loving God, send us out to share our lives with others. We ask this through Jesus Christ our Lord.

All: Amen.

 Sing the opening song together.

243

La cruz

La cruz

La cruz nos recuerda que Jesús dio su vida por nosotros. Vemos la cruz en la Iglesia, cerca del altar. Algunos domingos se lleva la cruz durante la procesión de entrada. El Viernes Santo honramos la cruz durante un servicio especial. Cuando una cruz tiene la figura de Jesús se le llama crucifijo.

Reflexiona

Honrar la cruz Piensa en la celebración. Recuerda cuando colocaste la mano en la cruz o crucifijo y viste a los demás del grupo hacer lo mismo. En el espacio de abajo, expresa en palabras, frases o poesía tus pensamientos y sentimientos acerca de la cruz y tu relación con Jesús o con la Iglesia.

Senti como paz tranquilidad ganas de llorar de Alegria, tambien cuando asisto a la Iglesia siento Alegria y deseos de ser mejor esposo, padre hijo, hermano, amigo, y queriendo aprender mas de las lecturas de la Biblia.

The Cross

SIGNS OF FAITH

The Cross

The cross reminds us that Jesus gave his life for us. We see the cross in the church near the altar. On most Sundays the cross is carried in the Entrance Procession. On Good Friday we honor the cross in a special service. When a cross has a figure of Jesus on it, it is called a crucifix.

Reflect

Honoring the cross   Think back to the celebration. Recall placing your hand on the cross or crucifix and watching others in your group do the same. In the space below, express in words, phrases, or poetry your thoughts and feelings about the cross, your relationship to Jesus, or the Church.

_____

_____

_____

_____

_____

_____

_____

_____

_____

Sacrificio

La cruz nos recuerda que Jesús murió por nosotros. Murió por nuestros pecados. Dio su vida como **sacrificio** por todas las personas. *Sacrificarse* significa "entregar algo, por amor, por otra persona". Qué don tan maravilloso nos dio Jesús: su vida.

Nos sacrificamos cuando compartimos con los demás o cuando renunciamos a algo de valor como el tiempo, las pertenencias o el dinero para ayudar a los demás. Por lo general hacemos sacrificios por quienes nos preocupamos y amamos.

Cuando la Iglesia se reúne para la misa, recordamos el sacrificio de Jesús en la cruz. Él dio su vida para salvarnos. La misa es también nuestro sacrificio. En la misa recordamos lo que hemos hecho por Dios y por los demás. Le damos a Dios el regalo de nuestra vida.

SIGNOS DE FE

El altar

El **altar** es la mesa central que está en la parte delantera de la iglesia. Es un signo de la presencia de Jesús entre nosotros. Es también un signo de que la misa es un sacrificio y una comida. Desde los tiempos antiguos, los altares eran lugares donde se ofrecían sacrificios. En la tradición cristiana, otro nombre para el altar es "la mesa del Señor".

Sacrifice

The cross reminds us that Jesus died for us. He died for our sins. He gave up his life as a **sacrifice** for all people. *Sacrifice* means "giving up something out of love for someone else." What a wonderful gift Jesus gave us—his life.

We sacrifice when we share with others or when we give up something valuable such as time, possessions, or money to help another person. Usually we make sacrifices for those we love and care for.

When the Church gathers for Mass, we remember the sacrifice of Jesus on the cross. He gave up his life to save us. The Mass is our sacrifice, too. At Mass we also remember what we have done for God and others. We offer God the gift of our lives.

SIGNS OF FAITH

The Altar

The **altar** is the central table in the front of the church. It is a sign of Jesus' presence with us. It is also a sign that the Mass is a sacrifice and a meal. From ancient times altars were the place where sacrifices were offered. In the Christian tradition, another name for the altar is "the Table of the Lord."

Servimos a los demás

Enfoque en la fe
¿Qué nos dice Jesús acerca de servir a los demás?

La noche anterior a su muerte, Jesús estaba cenando con sus amigos. Quería demostrarles cuánto los quería. Quería enseñarles cómo demostrar el amor de Dios a los demás.

Sagrada Escritura

JUAN 13:4–16

El lavatorio de los pies

Estando Jesús en la Última Cena con sus discípulos, se levantó de la mesa. Tomó una toalla y se la ató alrededor de la cintura. Después vertió agua en un recipiente y empezó a lavarle los pies a sus discípulos. Cuando llegó adonde Simón Pedro, éste le dijo:—Maestro, ¿me vas a lavar los pies a mí? Jesús contestó:—Lo que voy a hacer no lo comprendes ahora, pero lo comprenderás después.

We Serve Others

Faith Focus
What does Jesus tell us about serving others?

On the night before he died, Jesus was at supper with his friends. He wanted to show his friends how much he loved them. He wanted to teach them how to show God's love to others.

Scripture

JOHN 13:4–16

The Washing of the Feet

While Jesus was at the Last Supper with his disciples, he rose from the table. He took a towel and tied it around his waist. Then he poured water into a basin and began to wash the disciples' feet. He came to Simon Peter who said to him, "Master, are you going to wash my feet?" Jesus answered and said to him, "What I am doing you do not understand now, but you will understand later."

—Nunca me lavarás los pies —dijo Pedro. Jesús le contestó:—A menos que te los lave, no recibirás mi herencia. Simón Pedro le dijo:—Maestro, entonces no sólo mis pies, sino también mis manos y mi cabeza. Y Jesús le lavó los pies a todos los discípulos.

—¿Entienden lo que acabo de hacer? —dijo Jesús cuando terminó. Ustedes me llaman 'Maestro' y 'Señor'. Y están en lo correcto. Si yo he lavado sus pies, entonces ustedes deben lavar los pies de los demás. Les he dado un modelo a seguir. Lo que hago por ustedes, ustedes deben hacerlo por los demás.

BASADO EN JUAN 13:4–16

La fe en el hogar

Lee el relato de la Sagrada Escritura con los miembros de tu familia. Comenten sobre ambas preguntas. Pide a los miembros de tu familia que compartan las veces en que han visto a otras personas hacer algo por amor a los demás.

? ¿Por qué crees que Jesús lavó los pies a sus discípulos?

? ¿Qué quiere Jesús que hagas por los demás?

Comparte

Escribe un relato En una hoja de papel aparte, escribe un relato sobre un joven de tu edad que vive en tu ciudad y que se sacrifica por un amigo. Asegúrate de describir cómo y por qué el joven tomó esa decisión.

Peter said to him, "You will never wash my feet." Jesus answered him, "Unless I wash you, you will have no inheritance with me." Simon Peter said to him, "Master, then not only my feet but my hands and head as well." Then Jesus washed the feet of all the disciples.

When he was finished, Jesus said, "Do you understand what I just did? You call me 'teacher' and 'master.' And you are right, I am. If I have washed your feet, then you should wash one another's feet. I have given you a model to follow. What I do for you, you should do for others."

BASED ON JOHN 13:4–16

Faith at Home

Read the scripture story with family members. Discuss your responses to both questions. Ask family members to share times they have seen others give up or do something out of love for others.

❓ **Why do you think Jesus washed the disciples' feet?**

❓ **What does Jesus want you to do for others?**

Share

Write a story On a separate sheet of paper, write a story about a young person about your age who lives in your town, who makes a sacrifice for a friend. Be sure to describe how and why the young person decided to make that choice.

251

El sacrificio de la misa

SIGNOS DE FE

El pan y el vino

El pan y el vino son los alimentos que las personas comparten en comidas especiales. En la misa usamos un pan que está hecho sin levadura. El vino proviene de las uvas. Por el poder del Espíritu Santo y las palabras y acciones del sacerdote, el pan y el vino se convierten en el Cuerpo y la Sangre de Jesús. Se convierten en nuestro alimento espiritual.

Enfoque en la fe
¿Qué dones llevamos al altar?

Cuando Jesús lavó los pies de los discípulos, nos demostró cómo somos llamados a dar nuestra vida al servicio de los demás. Jesús dio su vida por nosotros en la cruz. Nos salvó de nuestros pecados con su vida, muerte y Resurrección.

La Liturgia eucarística es la segunda parte importante de la misa. *Eucaristía* significa "acción de gracias". Durante la Liturgia eucarística, recordamos y hacemos presente el sacrificio de Jesús en la cruz. A través del poder del Espíritu Santo y de las palabras y los actos del sacerdote, Jesús le ofrece otra vez a su Padre el regalo de sí mismo.

Durante la Liturgia eucarística, damos gracias a Dios Padre por el sacrificio de Jesús en la cruz y traemos nuestra propia vida y sacrificios al altar.

Los sacrificios que hacemos durante la semana son nuestros regalos para Dios. Nos preparan para participar del sacrificio de Jesús.

The Sacrifice of the Mass

Bread and Wine

Bread and wine are foods that people use for special meals. At Mass we use bread that is made without yeast. The wine comes from grapes. By the power of the Holy Spirit and the words and action of the priest, the bread and wine become the Body and Blood of Jesus. They become our spiritual food.

Faith Focus

What gifts do we bring to the altar?

When Jesus washed the feet of the disciples, he showed us a model of how we are called to give our lives for others in service. Jesus gave his life for us on the cross. He saved us from our sins by his life, death, and Resurrection.

The Liturgy of the Eucharist is the second main part of the Mass. *Eucharist* means "thanksgiving." During the Liturgy of the Eucharist we recall and make present Jesus' sacrifice. Through the power of the Holy Spirit and the action of the priest, Jesus offers again the gift of himself to his Father.

During the Liturgy of the Eucharist, we thank God the Father for Jesus' sacrifice on the cross and we bring our own lives and our sacrifices to the altar.

The sacrifices we make during the week are our gifts to God. They prepare us to join in Jesus' sacrifice.

Preparación del altar y los dones

La Liturgia eucarística empieza con la preparación del altar y de los dones. Miembros de la asamblea llevan el pan y el vino al sacerdote, que los coloca sobre el altar.

También damos dinero u otros dones para los pobres y necesitados. Esta ofrenda se llama **colecta**. Estas ofrendas ayudan a la parroquia a llevar a cabo su obra y a ocuparse de los necesitados. La ofrenda de dinero es también una señal de nuestro sacrificio.

El sacerdote prepara el pan y el vino y da gracias a Dios por su bondad.

Nosotros respondemos: "Bendito seas por siempre, Señor".

Luego el sacerdote reza para que nuestro sacrificio sea aceptado por Dios.

Nosotros respondemos: "El Señor reciba de tus manos este sacrificio, para alabanza y gloria de su nombre, para nuestro bien y el de toda su santa Iglesia".

? ¿Qué dones traes a la misa?

La fe en el hogar

Habla con los miembros de tu familia acerca de los dones que traen a misa. Señalen formas en que pueden contribuir con su tiempo, talentos o dinero como regalos para Dios. Usen esta página para repasar las respuestas de la preparación del altar y los dones.

Preparation of the Gifts

The Liturgy of the Eucharist begins with the Preparation of the Gifts. Members of the assembly bring the bread and wine to the priest, and they are placed on the altar.

We also offer gifts of money or other gifts for the poor and needy. This offering is called a **collection**. These offerings help the parish do its work and take care of those in need. The money offering is also a sign of our sacrifice.

The priest prepares the bread and wine and gives God thanks for his goodness.

We answer, "Blessed be God for ever."

Then the priest prays that our sacrifice will be acceptable to God.

We answer, "May the Lord accept the sacrifice at your hands for the praise and glory of his name, for our good, and the good of all his holy Church."

? **What gifts do you bring to Mass?**

Faith at Home

Talk with family members about what gifts each of you brings to Mass. Discuss ways you can contribute your time, talent, or money as a gift to God. Use this page to review the responses for the Presentation and Preparation of the Gifts.

Yo presto mis servicios a los demás

Responde

Haz un calendario Selecciona fotografías y relatos de revistas y periódicos que muestren personas que hacen sacrificios y brindan servicios a los demás. Pega las imágenes en el cartel. Al pie del cartel, diseña un calendario de siete días con siete espacios para escribir. Cada día de esta semana, escribe un servicio o sacrificio que hiciste por los demás.

Bendición final

Reúnanse y comiencen con la señal de la cruz.

Líder: Dios Padre, te alabamos y te damos gracias por el don de tu Hijo, Jesús.

Todos: Amén.

Líder: Jesús, nuestro Salvador, te alabamos y te damos gracias por entregar tu vida por nosotros.

Todos: Amén.

Líder: Espíritu Santo, dador de los dones de Dios, te alabamos y te damos gracias por estar con nosotros. Muéstranos cómo cuidar de los demás.

Todos: Amén.

🎵 *Pueden cantar un cántico.*

I Serve Others

Respond

Make a poster calendar Using magazines and newspapers, select pictures and stories that show people serving others and making sacrifices. Paste them onto a poster board. At the bottom of the poster, design a seven-day calendar with seven writing spaces. Every day this week, record one service or sacrifice you were able to make for others.

Closing Blessing

Gather and begin with the Sign of the Cross.

Leader: God, our Father, we praise and thank you for the gift of your Son, Jesus.

All: Amen.

Leader: Jesus, our Savior, we praise and thank you for giving up your life for us.

All: Amen.

Leader: Holy Spirit, giver of God's gifts, we praise and thank you for being with us. Show us how to care about others.

All: Amen.

 *Sing together.*

We praise you, O Lord,
For all your works are
    wonderful.
We praise you, O Lord,
Forever is your love.

La fe en el hogar

Enfoque en la fe

- Jesús sacrificó su vida por nosotros al morir en la cruz.

- La misa es un sacrificio.

- En la misa, a través del poder del Espíritu Santo y de las palabras y acciones del sacerdote, Jesús le ofrece a su Padre y a nosotros el don de sí mismo.

Enfoque del rito
Honrar la cruz

La celebración se centró en honrar la cruz. Honraron la cruz durante la celebración. Consigue una cruz o crucifijo y colócala en un lugar que te recuerde el regalo que nos dio Jesús cuando dio su vida. Cada vez que la veas, reza una oración para dar gracias.

Oración en familia

Dios de bondad, te damos gracias por el don de tenernos los unos a los otros y, especialmente, por el don de Jesús. Ayúdanos a permanecer en tu amor y enséñanos a compartirlo con los demás. Amén.

Actúa

Compartan juntos Lee Juan 13:4–16. Con los miembros de tu familia, habla acerca de lo que Jesús quiso decir con: "Lo que hago por ustedes deben hacerlo por los demás". Hagan juntos una lista de las personas que sirven a tu familia, como los trabajadores de los servicios sanitarios, los guardas peatonales, los doctores o los dentistas. Comenten sobre formas en que tu familia puede agradecer a estas personas por compartir sus dones. Seleccionen una y realícenla.

Actúen juntos Todos juntos, nombren algunos vecinos, miembros de la familia o amigos que tengan necesidad de ayuda o de compañía, como alguien que está enfermo, que vive solo o que necesita que le den clases. Hagan una lista de cosas que tu familia puede hacer para prestar servicios a estas personas durante el mes próximo. Decidan quién hará cada cosa y márquenla en el calendario.

Faith at Home

Faith Focus

- Jesus sacrificed his life for us when he died on the cross.

- The Mass is a sacrifice.

- At Mass through the power of the Holy Spirit and the words and actions of the priest, Jesus offers again the gift of himself to his Father and to us.

Ritual Focus
Honoring the Cross

The celebration focused on Honoring the Cross. You honored the cross during the celebration. Obtain a cross or crucifix, and place it where you will be reminded of Jesus' gift of his life for us. When you see it, pray a prayer of thanks.

Family Prayer

Gracious God, thank you for the gift of each other and especially for the gift of Jesus. Help us remain in your love and teach us to share it with others. Amen.

Act

Share Together Read John 13:4–16. With your family members, talk about what Jesus meant when he said, "What I do for you, you should do for others." Together make a list of people who serve your family, such as sanitation workers, street crossing guards, doctors, and dentists. Discuss ways your family can thank these people for sharing their gifts. Choose one of them and act on it.

Do Together With your family members, name some neighbors, family members, or friends who are in need of help or companionship, such as someone who is sick, lives alone, or needs to be tutored. Make a list of actions your family can take to serve these people sometime in the next month. Decide who will do what, and then mark it on the calendar.

GO online www.osvcurriculum.com
Visit our website for weekly Scripture readings and questions, family resources, and more activities.

Nos reunimos

Procesión

Mientras cantan, caminen lentamente. Sigan a la persona que lleva la Biblia.

 Pueden cantar un cántico.

Líder: Oremos.

Hagan juntos la señal de la cruz.

Escuchamos

Líder: Padre amoroso, venimos ante ti para recordar a tu Hijo Jesús y dar gracias por lo que hizo por nosotros. Abre nuestro corazón al Espíritu Santo para que comprendamos tu Palabra. Te lo pedimos por Jesucristo, nuestro Señor.

Todos: Amén.

Líder: Lectura del santo Evangelio según san Lucas.

Todos: Gloria a ti, Señor.

Hagan la señal de la cruz sobre su frente, sus labios y su corazón.

Líder: *Lean Lucas 22:14–20.*

Palabra del Señor.

Todos: Gloria a ti, Señor Jesús.

Siéntense en silencio.

We Gather

Procession

As you sing, walk forward slowly. Follow the person carrying the Bible.

 Sing together.

Te alabaré, Señor;
  tú me has librado.
I will praise you Lord;
  you have rescued me.

Tony Alonso © 2003 GIA Publications

Leader: Let us pray.

Make the Sign of the Cross together.

We Listen

Leader: Loving Father, we come before you to remember and give thanks for what your Son, Jesus, did for us. Open our hearts to the Holy Spirit that we will understand your word. We ask this through Jesus Christ our Lord.

All: Amen.

Leader: A reading from the holy Gospel according to Luke.

All: Glory to you, O Lord.

Trace the Sign of the Cross on your forehead, lips, and heart.

Leader: Read Luke 22:14–20.

The Gospel of the Lord.

All: Praise to you, Lord Jesus Christ.

Sit silently.

Enfoque del rito: Aclamación conmemorativa

Líder: Cada vez que nos reunimos en la eucaristía, sabemos que Jesús está otra vez con nosotros. Estamos felices. Damos gracias a Dios Padre y lo alabamos por el misterio de la presencia de Jesús. Oramos.

Arrodíllense.

Éste es el sacramento de nuestra fe:

Todos: Anunciamos tu muerte. Proclamamos tu Resurrección. Ven, Señor Jesús.

Pónganse de pie.

Líder: Oremos como Jesús nos enseñó:

Recen juntos el padrenuestro.

Líder: Ofrezcámonos mutuamente la señal de la paz.

Dense unos a otros la señal de la paz de Cristo.

Digan: "La paz del Señor esté contigo".

Respondan: "Y con tu espíritu".

Evangelicemos

Líder: Padre amoroso, envíanos a llevar la presencia de Jesús a los demás. Ayúdanos a recordar a Jesús siempre entre nosotros. Te lo pedimos por Jesucristo, nuestro Señor.

Todos: Amén.

♪ *Pueden cantar un cántico.*

Ritual Focus: Mystery of Faith

Leader: Every time we gather together at the Eucharist, we know Jesus comes again to be with us. We are happy. We give God the Father thanks and praise for the mystery of Jesus' presence. We pray.

Kneel.

The mystery of faith:

All: We proclaim your Death, O Lord, and profess your Resurrection until you come again.

Stand.

Leader: Let us pray as Jesus taught us:

Pray the Lord's Prayer together.

Leader: Let us offer each other the Sign of Peace.

Offer one another a sign of Christ's peace.

Say: "The peace of the Lord be with you."

Answer: "And with your spirit."

We Go Forth

Leader: Loving Father, send us forth to bring Jesus' presence to one another. Help us to remember him. We ask this through Jesus Christ our Lord.

All: Amen.

 Sing together.

Recordamos

SIGNOS DE FE

Arrodillarse

Nos arrodillamos como señal de que somos hijos e hijas de Dios. Cuando nos arrodillamos, demostramos que dependemos de Dios. Arrodillarse es una de las muchas formas en que usamos nuestro cuerpo para orar. A veces nos arrodillamos cuando queremos pedirle algo a Dios. Otras veces nos arrodillamos cuando buscamos el perdón de Dios. En la misa, nos arrodillamos después del Santo, Santo, Santo hasta el gran amén.

Reflexiona

Aclamación conmemorativa Piensa y escribe acerca de la celebración.

Cuando escuché la historia sobre la Última Cena

_____

_____

_____

_____

Cuando me arrodillé

_____

_____

_____

_____

Escribe un párrafo corto que explique por qué las palabras "Anunciamos tu muerte. Proclamamos tu Resurrección. Ven, Señor Jesús" son importantes para ti.

_____

_____

_____

_____

_____

_____

_____

We Remember

Signs of Faith

Kneeling

We kneel as a sign that we are God's children. When we kneel, we show we depend on God. Kneeling is one of the many ways we use our bodies to pray. Sometimes we kneel when we want to ask God for something. Other times we kneel when we seek God's forgiveness. At Mass we kneel after the Holy, Holy, Holy (Preface Acclamation) through the Great Amen. We also kneel during the Lamb of God (*Agnus Dei*) before Holy Communion.

Reflect

Mystery of Faith   Think and write about the celebration.

When I heard the story of the Last Supper

_____

_____

_____

When I knelt down

_____

_____

_____

Write a short paragraph and explain why the words, "We proclaim your Death, O Lord, and profess your Resurrection until you come again." are important for you.

_____

_____

_____

_____

_____

_____

La plegaria eucarística

La plegaria eucarística es la gran oración de la Iglesia de alabanza y de acción de gracias a Dios. El sacerdote comienza esta oración y luego nosotros cantamos con todos los ángeles y santos, "Santo, Santo, Santo". Luego, nos arrodillamos y la oración continúa.

El sacerdote reza el epíclesis, una oración en la que Dios envía al Espíritu Santo para que las ofrendas se conviertan en el Cuerpo y la Sangre de Jesús. Vuelve a narrar el relato de la Última Cena y recuerda lo que Jesús hizo por nosotros la noche antes de morir.

Proclamamos el **misterio** de nuestra fe. Un misterio de fe es algo que creemos, pero que no comprendemos. Creemos que Jesús está con nosotros ahora y que todas las personas que aman a Dios vivirán con Él en el cielo cuando mueran. Creemos porque Jesús nos lo prometió. Queremos decir "gracias" por este maravilloso misterio.

SIGNOS DE FE

El sacerdote

En la plegaria eucarística, unimos nuestra voz a la de todos los católicos del mundo. Jesús actúa a través del ministerio del sacerdote. Sólo un **sacerdote** ordenado puede presidir la celebración de la eucaristía. Esto es lo más importante que hace un sacerdote. El sacerdote también hace muchas otras cosas. Enseña, predica, cuida a los enfermos y dirige la parroquia.

The Eucharistic Prayer

The Eucharistic Prayer is the Church's great prayer of praise and thanksgiving to God. The priest begins this prayer, and then we sing with all the angels and saints, "Holy, Holy, Holy." Then we kneel as the prayer continues.

The priest prays the epiclesis, a prayer that God will send the Holy Spirit to make our gifts holy so they become the Body and Blood of Jesus. He retells the story of the Last Supper and we remember what Jesus did for us on the night before he died.

We proclaim the mystery of faith. A **mystery** of faith is something we believe but we do not understand. We believe that Jesus is with us now and we believe that all people who love God will live with him in Heaven when they die. We believe because Jesus promised us that this is true. We want to say, "thank you" for this wonderful mystery.

SIGNS OF FAITH

The Priest

In the Eucharistic Prayer, we join our voices with all Catholics around the world. Jesus acts through the ministry of the priest. Only an ordained **priest** can lead the celebration of the Eucharist. This is the most important thing a priest does. Priests do many other things, too. They teach, preach, take care of the sick, and lead the parish.

Jesús da gracias

Enfoque en la fe

¿Qué les dice Jesús a sus amigos?

Hace mucho tiempo, Dios guió a los miembros del pueblo de Israel en su salida de Egipto, donde habían sido esclavos. Salvó a las personas y las liberó. Todos los años, durante la comida de la Pascua judía, el pueblo judío recuerda y da gracias por el amor salvador de Dios. El pueblo judío recuerda las promesas de Dios.

Sagrada Escritura

MATEO 26:26–28 Y LUCAS 22:14–20

La Última Cena

La noche anterior a su muerte, Jesús compartió una comida especial con sus Apóstoles. Se reunieron para celebrar la Pascua judía, una fiesta de agradecimiento muy importante para el pueblo judío.

A esta comida la llamamos la Última Cena. Durante la comida, Jesús le dijo a sus discípulos cómo recordar el misterio de nuestra fe.

Al comenzar, Jesús le dijo a sus discípulos que Él había deseado mucho celebrar esta comida de la Pascua judía con ellos. Sabía que pronto iba a sufrir. Él dijo: "He deseado con ansias comer esta Pascua judía con ustedes antes de sufrir".

Jesus Gives Thanks

Faith Focus

What does Jesus tell his friends?

Long ago, God led the people of Israel out of the land of Egypt where they had been slaves. He saved the people and set them free. Every year at the Passover meal, Jewish people remember and give thanks for God's saving love. They remember God's promises.

Scripture

MATTHEW 26:26–28 AND LUKE 22:14–20

The Last Supper

On the night before he died, Jesus shared a special meal with his Apostles. They gathered to celebrate the Passover, a great Jewish holiday of thanksgiving.

We call this meal the Last Supper. During the meal, Jesus told his followers how to remember the mystery of our faith.

When it was time to begin, Jesus told his disciples that he had looked forward to eating the Passover meal with them. He said, "I have eagerly desired to eat this Passover with you before I suffer."

Entonces Jesús usó el pan y el vino de la Pascua judía de una manera nueva. Mientras estaban comiendo, Jesús tomó el pan, lo bendijo y lo partió. Lo dio a sus discípulos y dijo: "Tomen y coman; éste es mi cuerpo".

Entonces Jesús tomó un vaso de vino y dando gracias lo pasó entre sus discípulos diciendo: "Tomen y beban de él, porque ésta es la sangre de la alianza que será derramada por todos ustedes para el perdón de los pecados. Hagan esto en memoria mía".

BASADA EN MATEO 26:26–28 Y LUCAS 22:14–20

? **¿Qué recordaron Jesús y sus discípulos en la Pascua judía?**

? **¿Cómo recuerdas a Jesús?**

La fe en el hogar

Lee el relato de la Sagrada Escritura con los miembros de tu familia. Conversen sobre las respuestas a las preguntas. Hablen sobre las maneras en que tu familia recuerda sucesos importantes, como días festivos patrióticos, cumpleaños y aniversarios.

Comparte

Realiza un boletín de anuncio para la parroquia Con un compañero, haz un boletín de anuncios para la parroquia de cuatro o cinco líneas en una hoja de papel. Escriban como título "Hagan esto en memoria mía".

Jesus then used the bread and wine of the Passover in a new way. While they were eating, Jesus took bread, said the blessing, and broke it. He gave it to his disciples and said, "Take and eat, this is my body."

Then Jesus took a cup of wine, gave thanks, and gave it to them, saying "Drink from it all of you, for this is the blood of the covenant, which will be shed for many for the forgiveness of sins. Do this in memory of me."

BASED ON MATTHEW 26:26–28 AND LUKE 22:14–20

? What did Jesus and his disciples remember at the Passover?

? How do you remember Jesus?

Faith at Home

Read the scripture story with your family members and discuss their responses to the questions. Talk about ways your family remembers important events, such as patriotic holidays, birthdays, and anniversaries.

Share

Create a parish bulletin announcement   With a partner, create a four- or five-line parish bulletin announcement on a separate piece of paper. Title the announcement, "Do this in memory of me."

Recordamos y damos gracias

Santísimo Sacramento

El pan y el vino consagrados son el Cuerpo y la Sangre de Jesús. Se les da el nombre de Santísimo Sacramento. Después de la misa, las hostias que quedan se colocan en un lugar especial llamado **tabernáculo**. Por lo general, el tabernáculo se encuentra en una capilla o en otro lugar especial dentro de la iglesia. Allí guardamos el Santísimo Sacramento para que se pueda llevar a los miembros de la parroquia que están enfermos y que no pueden estar presentes en la misa. También podemos permanecer un rato ante el tabernáculo, rezándole a Jesús, que está en el Santísimo Sacramento.

Enfoque en la fe

¿Qué recordamos y por qué damos gracias durante la plegaria eucarística?

Otro nombre dado a la eucaristía es "La Cena del Señor". En la Última Cena, Jesús y sus discípulos recordaron el relato de la Pascua judía. Al recordar el relato dijeron plegarias especiales de agradecimiento. En la misa recordamos la Última Cena y la muerte de Jesús en la cruz. También rezamos plegarias especiales de agradecimiento.

Durante la plegaria eucarística, el sacerdote une todas nuestras oraciones en una. Ora en nuestro nombre y en el de la Iglesia. Nosotros también participamos de la oración. Durante la oración, recordamos todas las formas en que Dios nos ha salvado. Nos ofrecemos a Dios con Jesús. Participamos de la muerte y la Resurrección de Jesús a través del poder del Espíritu Santo. Recordamos y decimos "Gracias" por:

- todos los dones de Dios,
- el don de Jesús, el Hijo de Dios,
- la muerte, Resurrección y Ascensión de Jesús,
- la promesa de Jesús.

El sacerdote le pide a Dios que acepte nuestro sacrificio. Oramos para que Dios nos haga santos, como los que están en el cielo con Él. Rezamos los unos por los otros. Ofrecemos la misa a las personas que han muerto.

We Remember and Give Thanks

SIGNS OF FAITH

Blessed Sacrament

The consecrated Bread and Wine are the Body and Blood of Jesus. They are called the Blessed Sacrament. After Mass the remaining Hosts are put in a special place called a **tabernacle**. The tabernacle is usually in a chapel or some other special place in the church. We keep the Blessed Sacrament there so it can be brought to parish members who are ill and cannot be present. We can also spend time before the tabernacle praying to Jesus in the Blessed Sacrament.

Faith Focus

What do we remember and give thanks for during the Eucharistic Prayer?

Another name for the Eucharist is "The Lord's Supper." At the Last Supper Jesus and the disciples remembered the Passover. As they remembered the story, they said special prayers of thanks. At Mass we remember the Last Supper and Jesus' death on the cross; we too, say special prayers of thanks.

During the Eucharistic Prayer, the priest joins all of our prayers into one. He prays in our name and the name of the Church. We take part in the prayer, too. During the prayer we remember all the ways that God has saved us. We offer ourselves to God with Jesus. We share in Jesus' death and Resurrection through the power of the Holy Spirit. We remember and we say "thank you" for:

- all of God's gifts
- the gift of Jesus, God's Son
- Jesus' death, his Resurrection, and his Ascension
- Jesus' promise

The priest asks God to accept our sacrifice. We pray that God will make us holy like the saints in heaven with him. We pray for one another. We offer the Mass for the people who have died.

Consagración

Una parte importante de la plegaria eucarística es la **consagración**. El sacerdote dice las palabras que Jesús dijo en la Última Cena. Los dones del pan y el vino se convierten en el Cuerpo y la Sangre de Cristo. Por el poder del Espíritu Santo y por las palabras y las acciones del sacerdote, Jesús se hace presente en el pan y el vino.

Sólo un sacerdote ordenado puede consagrar los dones del pan y el vino. Después de la consagración, recordamos que Jesús dio su vida por nosotros. El sacerdote dice o canta: "Proclamemos el misterio de nuestra fe". Contestamos con una respuesta especial: "Anunciamos tu muerte, proclamamos tu Resurrección, ven Señor Jesús". Esta respuesta es la aclamación conmemorativa.

El gran amén

Al final de la plegaria eucarística, el sacerdote dice la oración que empieza así:

"Por Cristo, con Él y en Él. . ."

Respondemos "Amén".

Este es el gran amén. Cuando rezamos el gran amén decimos "sí" a las promesas de Dios. Lo alabamos por sus dones y sus acciones salvadoras.

❓ **¿En qué se parece la eucaristía a la Última Cena?**

La fe en el hogar

Comparte tu respuesta a la pregunta con los miembros de tu familia. Si tienes amigos que son judíos, pregúntales si puedes invitarlos a tu casa a compartir una comida y a hablar acerca de lo que la Pascua judía significa para ellos.

Consecration

An important part of the Eucharistic Prayer is the **consecration**. The priest says the words Jesus did at the Last Supper. The gifts of bread and wine become the Body and Blood of Christ. Through the power of the Holy Spirit and the words and actions of the priest, Jesus becomes really, truly, present in the bread and wine.

Only an ordained priest can consecrate the gifts of bread and wine. After the consecration we remember that Jesus gave his life for us. The priest says or sings: "The mystery of faith." We answer with a special response: "We proclaim your Death, O Lord, and profess your Resurrection until you come again." This response is called the **mystery of faith**.

The Great Amen

At the end of the Eucharistic Prayer, the priest prays the prayer that begins,

"Through him, and with him, and in him. . ."

We answer, "Amen."

This is the Great Amen. When we pray the Great Amen, we say "yes" to God's promises. We praise him for his gifts and saving actions.

❓ How is the Eucharist like the Last Supper?

Faith at Home

Explain your response to the question with your family members. If you have friends who are Jewish, ask if you can invite them to your home to share a meal and talk about what Passover means to them.

Di "Sí"

Responde

Escribe una lista de amén   Cuando decimos "Amén" al final de la plegaria eucarística, estamos diciendo "sí" a las promesas de Dios —no sólo en la misa sino también en nuestra vida diaria. En el espacio de abajo, haz una lista de las formas en que puedes mostrar tu fe en Jesús y decir "Amén" todos los días.

"Mi lista de Amén"

Bendición final

Reúnanse y empiecen con la señal de la cruz.

Líder: Dios Padre, recordamos todos tus dones buenos y te damos gracias.

Todos: Amén.

Líder: Jesús, nuestro Salvador, recordamos tu muerte y Resurrección y te damos gracias.

Todos: Amén.

Líder: Espíritu Santo, recordamos tu presencia entre nosotros y te damos gracias.

Todos: Amén.

🎼 *Pueden cantar un cántico.*

Say "Yes"

Respond

Create an amen list When we say "Amen" at the end of the Eucharistic Prayer, we are saying "yes" to God's promises—not just at Mass, but also in our daily life. In the space below, make a list of ways that you show your belief in Jesus and say "Amen" every day.

"My Amen List"

Closing Blessing

Gather and begin with the Sign of the Cross.

Leader: God, our Father, we remember and give thanks for all your good gifts.

All: Amen.

Leader: Jesus, our Savior, we remember and give thanks for your death and Resurrection.

All: Amen.

Leader: Holy Spirit, we remember and give thanks that you are with us.

All: Amen.

Sing together.

Te alabaré, Señor;
    tú me has librado.
I will praise you Lord;
    you have rescued me.

Tony Alonso © 2003 GIA Publications

La fe en el hogar

Enfoque en la fe

- La plegaria eucarística es una oración de acción de gracias, de recordatorio y de consagración.

- Por el poder del Espíritu Santo y las palabras y acciones del sacerdote, el pan y el vino se convierten en el Cuerpo y la Sangre de Jesús.

- En el gran amén, la asamblea dice "sí" a todas las obras salvadoras y las promesas de Dios.

Enfoque del rito
Aclamación conmemorativa

La celebración se centró en la aclamación conmemorativa. Rezaron la aclamación. Durante esta semana, usa la oración en el segmento de Oración en familia como plegaria para antes o después de las comidas.

Oración en familia

Dios de infinita generosidad, te damos gracias por todos los dones que nos das: por el don de la creación, de la familia y de los amigos, y especialmente por el don de tu Hijo Jesús. Ayúdanos a recordar siempre que estás con nosotros. Amén.

Actúa

Compartan juntos Hablen sobre las formas en que tu familia recuerda a las personas que se han mudado o han muerto. Para comenzar usen fotos, ilustraciones o alguna historia familiar. Hagan una lista de los ejemplos que comparten los miembros de la familia. Usen la lista para hablar sobre las formas en que tu familia puede recordar a Jesús durante esta semana.

Actúen juntos Planea una visita con tu familia al Santísimo Sacramento. Tu parroquia puede tener una capilla para el Santísimo Sacramento o puede tener el tabernáculo ubicado en otro lugar de la iglesia. Vayan al lugar donde se encuentra el tabernáculo. Pasen un momento en silencio conversando con Jesús, que está en el Santísimo Sacramento.

www.osvcurriculum.com
Visite nuestro sitio Web y encontrará lecturas semanales de la Sagrada Escritura y preguntas, recursos para la familia y otras actividades.

Faith at Home

Faith Focus

- The Eucharistic Prayer is a prayer of thanksgiving, remembering, and consecration.

- Through the power of the Holy Spirit and the words and actions of the priest, the bread and wine become the Body and Blood of Jesus.

- At the Great Amen, the assembly says "yes" to all of God's saving actions and promises.

Ritual Focus
Mystery of Faith

The celebration focused on the Mystery of Faith. You prayed an Acclamation. During the week, use the Family Prayer as a prayer before or after meals.

Family Prayer

Giving God, we give you thanks for all the gifts you give us: for the gifts of creation, for family and friends, and especially for the gift of your Son, Jesus. Help us to always remember that you are here with us. Amen.

Act

Share Together Talk about ways your family remembers people who have moved away or died. Use examples of pictures or stories to get the sharing started. Make a list of the examples that family members share. Use the list to talk about ways your family can remember Jesus during the week.

Do Together Invite family members to plan a time to make a visit to the Blessed Sacrament together. Your parish church may have a Blessed Sacrament chapel in the church, or the tabernacle may be in another special place. Go near the place where the tabernacle is located. Spend some quiet time in conversation with Jesus in the Blessed Sacrament.

GO online **www.osvcurriculum.com**
Visit our website for weekly scripture readings and questions, family resources, and more activities.

13 Compartimos una comida

Nos reunimos

Procesión

Mientras cantan, caminen lentamente. Sigan a la persona que lleva la Biblia.

 Pueden cantar un cántico.

Líder: Oremos.

Hagan juntos la señal de la cruz.

Escuchamos

Líder: Dios Padre, tú nos provees de todo lo que necesitamos. Fortalécenos para que llevemos vida a los demás. Te lo pedimos por Jesucristo, nuestro Señor.

Todos: Amén.

Líder: Lectura del santo Evangelio según san Juan.

Todos: Gloria a ti, Señor.

Hagan la señal de la cruz sobre su frente, sus labios y su corazón.

Líder: Lean Juan 6:30–58.

Palabra del Señor.

Todos: Gloria a ti, Señor Jesús.

Siéntense en silencio.

CHAPTER 13

We Share a Meal

We Gather

Procession

As you sing, walk forward slowly. Follow the person carrying the Bible.

🎼 *Sing together.*

We come to the Table of
   the Lord
As one body formed in
   your love.
We come to the Table of
   the Lord
As one body formed in
   your love.

© 2005 John Burland

Leader: Let us pray.

Make the Sign of the Cross together.

We Listen

Leader: God, our Father, you provide us with everything we need. Strengthen us to bring life to others. We ask this through Jesus Christ our Lord.

All: Amen.

Leader: A reading from the holy Gospel according to John.

All: Glory to you, O Lord.

Trace the Sign of the Cross on your forehead, lips, and heart.

Leader: *Read John 6:30–58.*

The Gospel of the Lord.

All: Praise to you, Lord Jesus Christ.

Sit silently.

Enfoque del rito: Compartir una comida

Siéntense alrededor de la mesa.

Líder: Bendito seas tú, Padre todopoderoso, que nos das el pan nuestro de cada día.

Bendito sea tu único Hijo, que permanentemente nos alimenta con la Palabra de Vida.

Bendito sea el Espíritu Santo, que nos reúne en esta mesa de amor.

Bendito sea Dios por los siglos de los siglos.

Todos: Amén.

BENDICIONAL, 1069

Compartan el alimento que hay en la mesa.

Líder: Te damos gracias por todos tus dones, Dios todopoderoso, que vives y reinas por los siglos de los siglos.

Todos: Amén.

BENDICIONAL, 1070

Evangelicemos

Líder: Dios amoroso, te damos gracias por el alimento, la familia, los amigos y el don de tu Hijo Jesús. Ayúdanos a compartir los dones de la vida con los demás. Te lo pedimos en el nombre de tu Hijo Jesús.

Todos: Amén.

 Pueden cantar el cántico de entrada.

Ritual Focus: Sharing a Meal

Be seated around the table.

Leader: Blessed are you,
almighty Father,

who gives us our
daily bread.

Blessed is your only
begotten Son,

who continually feeds us
with the word of life.

Blessed is the Holy Spirit,

who brings us together at
this table of love.

Blessed be God now and
for ever.

All: Amen.

BOOK OF BLESSINGS, 1069

Share the food at the table.

Leader: We give you thanks for
all your gifts, almighty
God, living and reigning
now and for ever.

All: Amen.

BOOK OF BLESSINGS, 1070

We Go Forth

Leader: Loving God, we thank you for
food, for families, for friends,
and for the gift of your Son,
Jesus. Help us to share the gifts
of life with others. We ask this in
the name of your Son, Jesus.

All: Amen.

 Sing the opening song together.

Comidas especiales

La señal de la paz

Durante la misa, y antes de la santa Comunión, nos ofrecemos la señal de la paz unos a otros. La señal de la paz es una oración de acción. Les damos la mano a las personas que están a nuestro alrededor y les deseamos la paz de Dios. Ofrecer a los demás la señal de la paz es un signo de que estamos unidos en la mesa del Señor.

Reflexiona

Compartir una comida Llena el siguiente cuestionario acerca de compartir una comida.

1. ¿Cuál es tu comida favorita?

   _____ Mole _____

2. ¿Qué es lo que más te gusta de comer con otras personas?

   _____

3. ¿Qué es lo que menos te gusta de comer con otras personas?

   _____

4. ¿Qué diferencia hay en tu casa entre una comida ordinaria y una especial?

   _____

5. ¿Cuáles son las normas de tu familia a la hora de comer?

   _____

6. ¿Quién bendice los alimentos cuando están juntos?

   _____

Special Meals

Sign of Peace

During Mass we offer one another the **Sign of Peace** before Holy Communion. The Sign of Peace is an action prayer. We reach out our hands to people around us. We wish them God's peace. Giving the Sign of Peace to others is a sign that we are united with one another at the Table of the Lord.

Reflect

Sharing a meal Fill out the following questionnaire about sharing a meal.

1. What is your favorite meal?

   _____

2. What do you like best about eating with other people?

   _____

3. What do you like least about eating with other people?

   _____

4. In your family, what is the difference between an ordinary meal and a special meal?

   _____

5. What are your family rules about mealtime?

   _____

6. Who blesses the meal when you are together?

   _____

La eucaristía como comida

Al compartir una comida nos acercamos más a las personas. Una comida especial, que a veces llamamos banquete o festín, es una ocasión para celebrar. Es un tiempo de compartir relatos, cantar canciones y comer alimentos especiales. Cuando la familia y los amigos se reúnen en las comidas especiales, crece el amor entre ellos.

La comida especial de la Iglesia es la eucaristía. El Espíritu Santo nos reúne con nuestra familia parroquial y con los católicos de todo el mundo. En la eucaristía nos reunimos como el Cuerpo de Cristo para celebrar el amor de Dios por nosotros. En la santa Comunión compartimos también el Cuerpo y la Sangre de Jesús. Jesús está verdaderamente presente en el pan y el vino consagrados.

Jesús es el Pan de Vida. En la comida de la eucaristía participamos en la vida del Cristo Resucitado.

SIGNOS DE FE

La patena, el copón y el cáliz
El alimento para nuestra comida eucarística se coloca en una vajilla especial. La **patena** sustenta las hostias. También se puede usar el **copón**. El vino se vierte en un **cáliz**.

The Eucharist as a Meal

Sharing a meal brings people closer together. A special meal, sometimes called a banquet or feast, is a time to celebrate. It is a time to share stories, sing songs, and eat special food. When families and friends gather for special meals, they grow in love.

The Eucharist is the Church's special meal. The Holy Spirit gathers us with our parish family and with Catholics all over the world. We gather at the Eucharist as the Body of Christ to celebrate God's love for us. We also share Jesus' own Body and Blood in Holy Communion. Jesus is truly present in both the consecrated Bread and the Wine.

Jesus is the Bread of Life. In the meal of the Eucharist, we share in the life of the Risen Christ.

SIGNS OF FAITH

Paten, Ciborium, and Chalice
The food for our Eucharistic meal is placed on special dishes. The **paten** holds the hosts. A **ciborium** may be used as well. The wine is poured into a **chalice**.

Compartimos el Pan de Vida

Enfoque en la fe

¿Qué nos dice Jesús sobre sí mismo?

Jesús compartía muchas comidas con la gente. Una vez, una multitud siguió a Jesús a lo alto de una colina. No tenían mucho para comer. Jesús vio que la gente tenía hambre y alimentó a todos con sólo cinco panes y unos cuantos pescados. ¡La gente quedó sorprendida!

Sagrada Escritura

JUAN 6:30–58

Yo soy el Pan de Vida

Cuando la gente vio que Jesús había alimentado a tantas personas con tan poca comida, quisieron realizar la obra de Dios. Entonces le dijeron: —¿Qué podemos hacer para realizar la obra de Dios? Jesús contestó: —Ésta es la obra de Dios, que crean en mí. Entonces le dijeron: —¿Qué señal nos puedes dar para que te veamos y creamos en ti? ¿Qué puedes hacer? —Cuando Moisés y el pueblo de Israel tenían hambre en el desierto, Moisés les dio maná, el pan del cielo. Pero Jesús les recordó que fue Dios Padre y no Moisés quien alimentó a la gente. Luego, les enseñó una lección muy importante sobre él.

We Share the Bread of Life

Faith Focus

What does Jesus tell us about himself?

Jesus shared many meals with people. One time, a crowd followed Jesus up a hill. They had not had much to eat. Jesus saw that they were hungry, and he fed them with only five loaves of bread and a few fish. The people were amazed!

Scripture

JOHN 6:30–58

I Am the Bread of Life

When the people saw Jesus feed so many with so little food, they wanted to do the works of God. So they said to him, "What can we do to accomplish the works of God?" Jesus answered, "This is the work of God, that you believe in me." So they said to him, "What sign can you do that we may see and believe in you? What can you do?" They said, "When Moses and the people of Israel were hungry in the dessert, Moses gave them manna, bread from heaven." But Jesus reminded them that it was God the Father, not Moses, who gave food to the people. Then he taught the people a very important lesson about himself.

—Mi Padre me envió para que les trajera la vida eterna. Yo soy el Pan de Vida. El que viene a mí nunca tendrá hambre, y el que cree en mí nunca tendrá sed.

—Yo soy el pan que ha bajado del cielo —continuó Jesús—. Los que comieron el maná en el desierto finalmente murieron, como mueren todos los seres humanos. Pero si ustedes comen mi carne y beben mi sangre, yo siempre estaré con ustedes. Y ustedes vivirán con Dios para siempre.

—¿De qué está hablando? —preguntaron algunos.

—Soy el Pan de Vida, el que tenga parte en mi vida vivirá para siempre —les contestó Jesús—. Así como el Padre me envió y yo tengo vida en Él, así también vivirá quien coma siempre el Pan de Vida.

BASADO EN JUAN 6:30–58

? **¿Qué piensas que quiere decir Jesús cuando dice que Él es el Pan de Vida?**

? **¿Cómo puedes participar en la vida de Jesús?**

La fe en el hogar

Lee el relato de la Sagrada Escritura con tu familia. Establezcan una relación entre los efectos de los alimentos en nuestro cuerpo y los efectos de Jesús como alimento en nuestro espíritu. Elijan juntos una actividad que puedan hacer esta semana para recordar que Jesús es el Pan de Vida.

Comparte

Haz un dibujo En grupos pequeños o con un compañero, hagan un dibujo en una hoja de papel que muestre a los miembros del grupo invitando a otras personas a compartir en la vida de Jesús. Pónganle un título interesante al dibujo.

"My Father sent me to bring you life that lasts forever. I myself am the bread of life; whoever comes to me will never be hungry. No one who believes in me will ever be thirsty."

Jesus continued, "I am the bread from heaven. The people who ate manna in the desert eventually died, as all humans die. But if you share my own flesh and blood, I will always be with you. You will live forever with God."

"What is he talking about?" some people asked. Jesus answered them, "I am the bread of life. Whoever eats it will live forever. Just as the Father sent me and I have life because of him, so too will the one who eats the Bread of Life live forever."

BASED ON JOHN 6:30–58

? **What do you think Jesus means when he says he is the Bread of Life?**

? **How can you share in Jesus' life?**

Share

Sketch a design In small groups or with a partner, sketch a billboard design on a separate piece of paper that shows members of your group inviting other people to share in Jesus' life. Give your design an interesting title.

El rito de comunión

SIGNOS DE FE

Cordero de Dios

El **Cordero de Dios** es un título dado a Jesús. Nos recuerda que Jesús dio su vida por nuestros pecados. Cuando rezamos o cantamos esta oración antes de la santa Comunión, recordamos que, a través de la muerte y la Resurrección de Jesús, se perdonan nuestros pecados y tenemos paz.

Enfoque en la fe

¿Qué sucede durante el rito de comunión?

En la santa Comunión recibimos a Jesús, el Pan de Vida. ¿Qué significa esto?

- Nos unimos a Jesús.

- Nuestra amistad con Jesús se fortalece.

- Dios perdona nuestros pecados leves si nos arrepentimos y nos da fuerzas para evitar los pecados graves.

- Nos unimos a toda la Iglesia, el Cuerpo de Cristo.

- Participamos en la promesa de Dios de que viviremos en el cielo con Jesús, María y todos los santos.

Nos preparamos para recibir la santa Comunión. Juntos nos ponemos de pie y rezamos la oración del padrenuestro. Recordamos que somos una sola familia con Dios. Como signo de unidad, nos ofrecemos unos a otros la señal de la paz.

The Communion Rite

SIGNS OF FAITH

Agnus Dei (Lamb of God)

The **Agnus Dei (Lamb of God)** is a title for Jesus. This title reminds us that Jesus gave his life for our sins. When we pray or sing this prayer before Holy Communion, we remember that through Jesus' death and Resurrection, our sins are forgiven and we have peace.

Faith Focus

What happens during the Communion Rite?

We receive Jesus, the Bread of Life, in Holy Communion. What does this mean?

- We are united with Jesus.

- Our friendship with Jesus grows stronger.

- God forgives our less serious sins if we are sorry and gives us strength to avoid serious sin.

- We are united with the whole Church, the Body of Christ.

- We share in God's promise that we will live in heaven with Jesus, Mary, and all the saints.

We prepare ourselves to receive Holy Communion. Together we stand and pray the Lord's Prayer. We remember we are one family with God. As a sign of unity, we share the Sign of Peace with each other.

Santa Comunión

Durante la santa Comunión, el sacerdote nos invita a la mesa. Nos recuerda el sacrificio de Jesús y su presencia en la eucaristía. El sacerdote levanta la hostia grande y dice: "Éste es el Cordero de Dios, que quita el pecado del mundo. Dichosos los invitados a la cena del Señor". Caminamos hacia adelante en procesión. A veces cantamos.

Cuando es nuestro turno de recibir a Jesús, ponemos una mano sobre la otra con las palmas hacia arriba. El sacerdote, el diácono o el ministro extraordinario de la santa Comunión dice: "El Cuerpo de Cristo". Nosotros respondemos: "Amén".

Con frecuencia, también podemos beber del cáliz. Después de consumir la hostia, nos dirigimos al diácono o al ministro extraordinario de la santa Comunión, que nos ofrece el cáliz. Escuchamos: "La Sangre de Cristo". Respondemos: "Amén". Regresamos a nuestro lugar y oramos o cantamos una oración de acción de gracias.

Debemos recibir la santa Comunión siempre que participamos de la misa o por lo menos una vez al año.

❓ **¿Por qué estamos felices de participar en la cena del Señor?**

La fe en el hogar

Pide a los miembros de tu familia que compartan sus respuestas a esta actividad. Hablen sobre lo que sucede cuando recibimos la santa Comunión, tomando como referencia la lista de la página 356. Juntos, observen las ilustraciones de las páginas 356 y 358, y repasen cómo se recibe la santa Comunión.

Holy Communion

When the time comes for Holy Communion, the priest invites us to the table. He reminds us of Jesus' sacrifice and presence in the Eucharist. He holds up the large Host and says, "Behold the Lamb of God, behold him who takes away the sins of the world. Blessed are those called to the supper of the Lamb." We come forward in a procession. Sometimes we sing a song.

When it is our turn to receive Jesus, we cup our hands with one hand on top of the other. The priest, deacon, or extraordinary minister of Holy Communion says, "The Body of Christ." We answer, "Amen."

We often receive from the cup. After we swallow the Host, we go to the deacon or extraordinary minister of Holy Communion, who offers the cup. We hear, "The Blood of Christ." We answer, "Amen." We return to our places. We pray or sing a prayer of thanksgiving.

We should receive Holy Communion every time we participate in the Mass. We must do so at least once a year.

? Why are we blessed to share in the supper of the Lamb?

Faith at Home

Ask family members to share their responses to the question. Talk about what happens when we receive Holy Communion by referring to the list on page 357. Together look at the pictures on pages 357 and 359, and review how to go to Holy Communion.

Recibe a Jesús

Responde

Escribe una oración   En el espacio de abajo, escribe una oración. Expresa lo que piensas y lo que sientes al participar de lleno en la misa a través de la recepción de Jesús en la santa Comunión.

_____

_____

_____

_____

_____

_____

_____

Bendición final

Reúnanse y comiencen con la señal de la cruz.

Líder: Dios Padre, te alabamos y te damos gracias por el don de la vida.

Todos: Amén.

Líder: Jesús, nuestro Salvador, te alabamos y te damos gracias por entregarte a nosotros en la santa Comunión.

Todos: Amén.

Líder: Espíritu Santo, dador de los dones de Dios, te alabamos y te damos gracias por ayudarnos a vivir como miembros del Cuerpo de Cristo.

Todos: Amén.

Pueden cantar un cántico.

Receive Jesus

Respond

Write a prayer In the space below, write a prayer. Share your thoughts and feelings about participating fully in the Mass by receiving Jesus in Holy Communion.

_____

_____

_____

_____

_____

_____

_____

_____

Closing Blessing

Gather and begin with the Sign of the Cross.

Leader: God, our Father, we praise and thank you for the gift of life.

All: Amen.

Leader: Jesus, our Savior, we praise and thank you for giving yourself to us in Holy Communion.

All: Amen.

Leader: Holy Spirit, giver of God's gifts, we praise and thank you for helping us live as members of the Body of Christ.

All: Amen.

🎵 *Sing together.*

We come to the Table of the Lord
As one body formed in your love.
We come to the Table of the Lord
As one body formed in your love.

© 2005 John Burland

La fe en el hogar

Enfoque en la fe

- La misa es una comida de acción de gracias.

- Jesús es el Pan de Vida.

- Nos unimos a Jesús y a la Iglesia en la santa Comunión. Participamos en la promesa de la vida eterna con Dios.

Enfoque del rito
Compartir una comida

La celebración se centró en compartir una comida. Rezaron una oración de bendición y compartieron el alimento. Durante esta semana, reza la oración de bendición de la página 366 antes de cenar en la noche.

Oración en familia

Señor, gracias por todos los dones que nos has dado. Gracias por la familia y los amigos. Ayúdanos a fortalecer nuestro amor por ti y entre todos nosotros. Envíanos al Espíritu Santo para que nos enseñe a compartir tu vida y tu amor con los demás. Amén.

Actúa

Compartan juntos Planifica una comida especial de recordatorio y celebración con los miembros de tu familia. Decidan si lo van a hacer en casa o en un restaurante. Si va a ser en casa, compartan la preparación de la comida. Pide a cada miembro de la familia que traiga fotos, símbolos o recuerdos de su momento preferido en familia. Compartan los recuerdos durante la comida y recen las oraciones de la página 366 antes y después de la comida.

Actúen juntos Preparen juntos una comida para una pareja de edad avanzada o para una familia en la que uno de los padres esté enfermo o ha recibido la llegada de un nuevo bebé. Planifiquen lo que van a cocinar, comuníquense con la otra familia para escoger un momento conveniente, preparen la comida y entréguenla. Como opción, ofrézcanse a servir alimentos en un comedor de beneficencia o en alguna localidad de las casas del Obrero Católico.

Faith at Home

Faith Focus

- The Mass is a meal of thanksgiving.

- Jesus is the Bread of Life.

- In Holy Communion we are united to Jesus and the Church. We share in the promise of life forever with God.

Ritual Focus
Sharing a Meal

The celebration focused on sharing a meal. You prayed a blessing prayer and shared food. During the week, use the Blessing Prayer on page 367 as the prayer before your main meal.

Family Prayer

Lord, thank you for all the gifts you have given us. Thank you for family and friends. Help us grow strong in love for one another and for you. Send us the Holy Spirit to show us how to share your life and love with others. Amen.

Act

Share Together Plan a special meal of remembering and celebration with your family members. Decide whether it will be at home or at a restaurant. If it is at home, share in the preparation of the food. Ask each family member to bring pictures, symbols, or souvenirs of their favorite time as a family. Share the memories during the meal, and pray the blessings on page 367 before and after your meal.

Do Together As a family, prepare a meal for an elderly couple, or a family in which a parent is sick or a new baby has arrived. Plan the meal, contact the family to choose a convenient time, prepare the meal, and deliver it. As an alternative, volunteer to serve meals at a soup kitchen or Catholic Worker house.

GO online **www.osvcurriculum.com** Visit our website for weekly scripture readings and questions, family resources, and more activities.

Nos reunimos

Procesión

Mientras cantan, caminen lentamente. Sigan a la persona que lleva la Biblia.

 Pueden cantar un cántico.

Líder: Oremos.

Hagan juntos la señal de la cruz.

Escuchamos

Líder: Dios amoroso, al escuchar tu Palabra, abre nuestro corazón al Espíritu Santo. Te lo pedimos por Jesucristo, nuestro Señor.

Todos: Amén.

Líder: Lectura de los Hechos de los Apóstoles.

Lean Hechos 2:1–41.

Palabra de Dios.

Todos: Te alabamos, Señor.

Siéntense en silencio.

CHAPTER 14

We Go Forth

We Gather

Procession

*As you sing, walk forward slowly.
Follow the person carrying
the Bible.*

🎼 *Sing together.*

Go now, love each other.
Thanks be to God.
We will be your spirit;
we will be your peace.
Let us love each other.
Lead us to the feast.

© 1998, Tom Kendzia and Gary Daigle,
Published by OCP Publications

Leader: Let us pray.

*Make the Sign of the
Cross together.*

We Listen

Leader: Loving God, open our hearts to the Holy Spirit as we listen to your word. We ask this through Jesus Christ our Lord.

All: Amen.

Leader: A reading from the Acts of the Apostles.

Read Acts 2:1–41.

The word of the Lord.

All: Thanks be to God.

Sit silently.

Enfoque del rito: Bendición para la misión

Acérquense y reúnanse alrededor del agua bendita.

Asperja a los candidatos con agua.

Líder: Así como los discípulos quedaron llenos del Espíritu Santo y se les comunicó la Buena Nueva con palabras y con hechos, lo mismo ocurre con nosotros. Pidamos la bendición de Dios. Señor Jesús, tú viniste a la tierra para servir a los demás. Que tu ejemplo nos fortalezca.

Todos: Amén.

Líder: Por medio de tu muerte y Resurrección, hiciste un mundo nuevo donde estamos llamados a amarnos los unos a los otros. Queremos vivir de acuerdo con tu Evangelio.

Todos: Amén.

Líder: Oremos para que Dios, que es amor, nos ilumine el corazón con el fuego del Espíritu Santo y nos enseñe a amarnos.

Inclinen la cabeza y pidan la bendición de Dios.

Bendito seas, Dios de la misericordia. Por tu Hijo Jesús, nos diste un ejemplo de amor. Derrama tu bendición sobre éstos, tus hijos e hijas. Ayúdalos a servir generosamente a los demás cuando vean sus necesidades. Permíteles servirte en sus vecindarios.

Todos: Amén.

ADAPTACIÓN DEL BENDICIONAL, 587

Evangelicemos

Hagan juntos la señal de la cruz con el agua.

Líder: Vayamos ahora a amar y servir a Dios.

Todos: Demos gracias a Dios.

 Pueden cantar el cántico de entrada.

Ritual Focus: Blessing for Mission

Come forward and gather around the holy water.

Sprinkle candidates with water.

Leader: Just as the disciples were filled with the Holy Spirit and told the good news in word and action, so are we. Let us pray for God's blessing.

Lord, you came on earth to serve others. May your example strengthen us.

All: Amen.

Leader: Through your dying and rising, you made a new world where we are all neighbors called to love one another. May we live our lives according to your Gospel.

All: Amen.

Leader: Let us pray that God, who is love, will light our hearts with the fire of the Holy Spirit and give us a love for others.

Bow your heads and pray for God's blessing.

Blessed are you God of mercy. Through your Son, Jesus, you gave us an example of love.

Send down your blessing on these your children. Help them to generously serve others when they see their need. Let them serve you in their neighbor.

All: Amen.

ADAPTED FROM THE BOOK OF BLESSINGS, 587

We Go Forth

Make the Sign of the Cross with the water.

Leader: Go forth now to love and serve the Lord.

All: Thanks be to God.

 Sing the opening song together.

Bendito seas

Bendición

Una bendición es un acto en el que usamos palabras y gestos para pedir a Dios que nos muestre su bondad. Hay muchas clases de bendiciones. La Iglesia bendice a las personas y a los objetos. Se bendice a los padres cuando bautizan a sus hijos o hijas. Se bendice a los animales el día de san Francisco de Asís. Los padres bendicen a sus hijos o hijas por la noche o cuando se despiertan por la mañana. El sacerdote bendice objetos especiales, como los rosarios. En la misa, el sacerdote bendice a la asamblea.

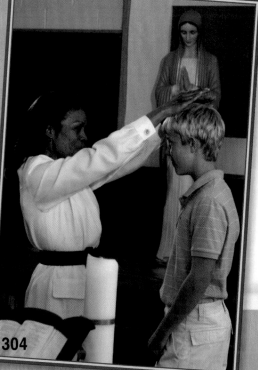

Reflexiona

Bendición para la misión Piensa y escribe acerca de la celebración. Vuelve a leer la oración de bendición de la página 302. Luego escribe unas oraciones para completar el siguiente diario.

Hoy fui bendecido. Me sentí realmente…

Amado y luminado Protegido Por dios y con fuersas Para seguir en esta bida

He sido bendecido para servir a los demás. Creo que significa…

Amar Amis semeJantes Alludar a los Quenesesitan Dar de comer Al ammbriento Visitar a los enfermos

Being Blessed

Blessing

A **blessing** is an action using words and gestures to ask God to show his kindness to us. There are many kinds of blessings. The Church blesses people and objects. Parents are blessed when their children are baptized. Animals are blessed on the feast of Saint Francis. Parents bless children at night or when they wake in the morning. The priest blesses special objects such as rosaries. At Mass the priest blesses the assembly.

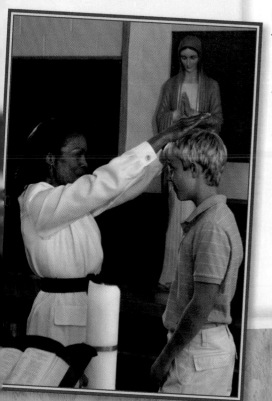

Reflect

Blessing for a mission   Think and write about the celebration. Go back and read the Blessing Prayer on page 303. Then write a few sentences to complete the journal entries below.

Today I was blessed. I felt really

_____

_____

_____

_____

I am being blessed to go out and serve others. I think that means

_____

_____

_____

_____

Enviados a una misión

¿Te han enviado alguna vez a hacer una tarea especial? Cuando te envían, significa que tienen confianza en ti. Representas a otra persona. Eres responsable. Alguien cuenta contigo. Sin ti, la tarea no se realizaría.

Al final de la misa, el sacerdote nos envía a llevar el mensaje del amor de Dios a los demás. Nos envía a que llevemos a cabo la obra de Jesús en el mundo. La palabra *misa* viene de una palabra que significa "ser enviado a cumplir una misión". Recibir a Jesús en la santa Comunión nos fortalece para que amemos y sirvamos a los demás. Salimos de la misa con la bendición de Dios.

SIGNOS DE FE

Dar testimonio

Al final de la misa, nos envían a dar testimonio de nuestra fe en la presencia de Jesús en el mundo de hoy. Dar testimonio es contar a los demás lo que vemos u oímos. Nosotros damos testimonio de la presencia de Jesús cuando hablamos de Él con nuestras palabras y nuestras acciones.

Sent on Mission

Have you ever been sent to do a special job? Being sent means you are trusted. You represent someone else. You are responsible. Someone is counting on you. Without you, the job will not get done.

At the end of Mass, we are sent to carry the message of God's love to others. We are sent to help carry out the work of Jesus in the world. The word *Mass* comes from a word that means "to be sent on a mission." Receiving Jesus in Holy Communion strengthens us to love and serve others. We go out from Mass with God's blessing.

Witness

At the end of Mass, we are sent forth to be witnesses of faith in Jesus' presence in the world today. A witness is somebody who sees or hears something and tells others about it. We are witnesses to Jesus' presence when we tell others about him in our words and in our actions.

El Espíritu Santo

Enfoque en la fe

¿Qué pasa cuando recibimos el Espíritu Santo?

Antes de regresar al cielo con su Padre, Jesús les dio una misión a sus discípulos. Quería que ellos enseñaran su mensaje a los demás. Jesús prometió a los discípulos que les enviaría el Espíritu Santo para que los ayudara en su misión. Cincuenta días después de la Resurrección de Jesús, su promesa se cumplió.

Sagrada Escritura

HECHOS 2:1–41

Pentecostés

El día de Pentecostés, todos los discípulos estaban reunidos en un mismo lugar. De repente, del cielo vino un ruido como una fuerte ráfaga de viento y llenó la casa en la que se encontraban. Entonces, aparecieron lenguas de fuego que se dividieron y posaron sobre cada uno de los discípulos. Todos se llenaron del Espíritu Santo y empezaron a hablar en distintas lenguas.

Salieron a las calles y empezaron a hablar a la gente sobre Jesús y su mensaje. Las personas que escuchaban se sorprendieron, porque los discípulos estaban hablando en distintas lenguas. Se preguntaban qué había pasado.

The Holy Spirit

Faith Focus
What happens when we receive the Holy Spirit?

Before Jesus returned to his Father in heaven, he gave his disciples a mission. He wanted them to teach others about his message. Jesus promised the disciples he would send the Holy Spirit to help them with their mission. Fifty days after Jesus' Resurrection, his promise came true.

Scripture

ACTS 2:1–41

Pentecost

During the feast of Pentecost, the disciples were all in one place together. Suddenly, there came from the sky a noise like a strong driving wind, and it filled the entire house in which they were sitting. Then there appeared tongues as of fire, which parted and came to rest on each one of them. And they were all filled with the Holy Spirit and began to speak in different languages.

They went out into the street and began to tell the crowd about Jesus and his message. The people who listened were surprised because the disciples were speaking in different languages. They wondered what had happened.

Pedro alzó su voz y dijo: —Lo que ha pasado es la obra del Espíritu Santo. Jesús de Nazaret ha enviado al Espíritu Santo como prometió. Este Jesús a quien ustedes crucificaron ha resucitado de entre los muertos. Y agregó después: —Él es el Mesías.

Cuando la gente escuchó esto, le preguntaron a Pedro y a los otros apóstoles: —¿Qué tenemos que hacer, hermanos? —Arrepiéntanse y háganse bautizar todos y cada uno de ustedes en el nombre de Jesucristo para el perdón de sus pecados —les dijo Pedro—, y recibirán el don del Espíritu Santo.

Aquellos que aceptaron su mensaje fueron bautizados. Alrededor de tres mil personas fueron bautizadas aquel día.

BASADO EN HECHOS 2:1–41

❓ **¿Qué hizo el Espíritu Santo por los discípulos?**

❓ **¿Cómo te ayuda el Espíritu Santo?**

La fe en el hogar

Lee el relato de la Sagrada Escritura con los miembros de tu familia. Comenten las respuestas de todos a las preguntas. Pide a los miembros de tu familia que digan las veces que fueron llamados por el Espíritu Santo para ayudar. Repasen la oración Ven, Espíritu Santo de la página 366. Escojan un momento apropiado para rezar la oración.

Comparte

Escribe un poema En una hoja aparte, escribe tu propio poema sobre el Espíritu Santo. Usa por lo menos cinco de las siguientes palabras.

Espíritu Santo	viento	amplio	don
en	ser	guía	volar
hoy	orar	fuego	llenar

Peter raised his voice and said, "What has happened is the work of the Holy Spirit. Jesus of Nazareth has sent the Holy Spirit as he promised." Then Peter said, "This Jesus whom you crucified has been raised from the dead. He is the Messiah." When the people heard this they asked Peter and the other Apostles, "What are we to do my brothers?" Peter told them, "Repent and be baptized, every one of you, in the name of Jesus Christ for the forgiveness of your sins; and you will receive the gift of the Holy Spirit." Those who accepted his message were baptized, and about three thousand persons were added that day.

BASED ON ACTS 2:1–41

? **What did the Holy Spirit do for the disciples?**

? **How does the Holy Spirit help you?**

Faith at Home

Read the scripture story with your family members. Discuss everyone's responses to the questions. Ask family members to share times when they called on the Holy Spirit for help. Review the prayer Come, Holy Spirit on page 367. Choose an appropriate time each day to pray the prayer.

Share

Write a poem On a separate sheet of paper, create your own poem about the Holy Spirit. Use at least five of the words below.

Holy Spirit	wind	wide	gift
in	be	guide	soar
today	pray	fire	fill

Se nos envía

SIGNOS DE FE

Diácono

Un **diácono** es un hombre ordenado por el obispo para que haga obras de caridad y tenga un papel especial en el culto. Algunos diáconos llegan a ser sacerdotes. Otros no, pero ayudan al obispo y se ocupan de los necesitados. Todos los diáconos pueden bautizar y ser testigos de la Iglesia en un matrimonio. En la misa, los diáconos pueden llevar el evangeliario, leer el Evangelio y predicar. Pueden también enviarnos a cumplir nuestra misión al final de la misa.

Enfoque en la fe

¿Cómo amamos y servimos a Jesús?

Igual que a Pedro y a los discípulos, Jesús también nos promete el Espíritu Santo. El Espíritu Santo está con nosotros siempre.

El Espíritu Santo nos ayuda a:

- hablarles a los demás acerca de su amor
- realizar la misión del discípulo
- perdonar a los demás
- ocuparnos de los que necesitan ayuda, especialmente de los pobres.

We Are Sent

Deacon

A **deacon** is a man ordained by the bishop to do works of charity and to have a special role in worship. Some deacons become priests. Other deacons do not, but they help the bishop and care for people who need it. All deacons can baptize and witness a marriage. At Mass deacons may carry the Book of the Gospels, read the Gospel, and preach. They can also send us forth for mission at the end of Mass.

Faith Focus

How do we love and serve Jesus?

Like Peter and the disciples, Jesus promises us the Holy Spirit. The Holy Spirit is with us always. The Holy Spirit helps us:

- tell others about his love
- do the work of a disciple
- forgive others
- care about people who need help, especially those who are poor

Evangelicemos

Al final de la misa, se nos envía a servir a los demás. El sacerdote o el diácono dice: "Vayan en paz para amar y servir a Dios". Nosotros respondemos: "Demos gracias a Dios". Vamos ahora a compartir la Buena Nueva de que Jesús está vivo. Vamos a compartir la Buena Nueva con lo que decimos y con lo que hacemos.

Al salir de la iglesia después de la misa, somos distintos de cuando entramos. Participar en la eucaristía nos cambia: nos acerca a Dios Padre, al Hijo y al Espíritu Santo y nos une entre nosotros. En la eucaristía, nos transformamos en un solo cuerpo, así como muchos granos de trigo forman un pan. Nos llenamos de la gracia y del amor de Dios. Vamos ahora a servir a los demás. Vamos ahora a ayudar a los que nos necesitan. Amamos y servimos a Jesús cuando nos amamos y nos servimos los unos a los otros.

? **¿Cómo le pedirás al Espíritu Santo que te ayude a examinar tu vida?**

La fe en el hogar

Comenta tu respuesta a la pregunta con los miembros de tu familia. Hablen de las formas en que pueden servirse entre ustedes. Sugiéreles a todos que escojan servir a alguno de ustedes sin que esa persona lo sepa.

Go Forth

At the end of Mass, we are sent forth to serve others. The priest or deacon says, "Go forth, the Mass has ended." We respond, "Thanks be to God." We go forth to announce the joyful good news that Jesus is alive. We share the good news by what we say and what we do.

When we leave the church after Mass, we are different from when we came in. Participating in the Eucharist changes us. It brings us closer to God the Father, Son, and Holy Spirit. It also brings us closer to one another. Just as many grains of wheat make one loaf of bread, in the Eucharist we become one body. We are filled with God's grace and love. We go forth in peace to give glory to God. We go forth to help those who need our help. We love and serve Jesus when we love and serve one another.

? How will you ask the Holy Spirit to help you look at your life?

Enviados a servir

Responde

Dibuja una presentación de diapositivas Dibuja en los marcos una presentación de diapositivas que muestre cómo vivirás tu misión como parte del Cuerpo de Cristo.

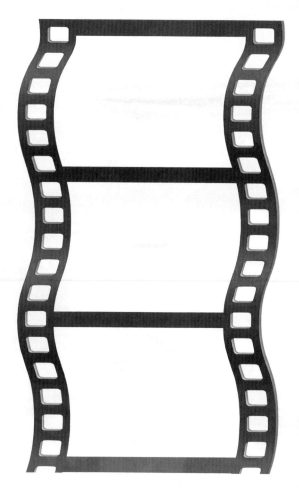

Bendición final

Reúnanse y comiencen con la señal de la cruz.

Líder: Dios Padre, envíanos a hablarle al mundo de tu amor.

Todos: Amén.

Líder: Jesús, nuestro Salvador, envíanos a servir a los demás.

Todos: Amén.

Líder: Espíritu Santo, guíanos para que podamos ver los lugares adonde somos llamados a amar y a servir.

Todos: Amén.

♪ *Pueden cantar un cántico.*

Sent to Serve

Respond

Draw a slide presentation In the frames provided, draw a slide presentation that shows how you will live out your mission as part of the Body of Christ.

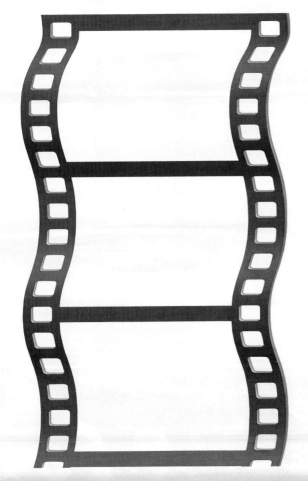

Closing Blessing

Gather and begin with the Sign of the Cross.

Leader: God, our Father, send us forth to tell the world about your love.

All: Amen.

Leader: Jesus, our Savior, send us forth to serve others.

All: Amen.

Leader: Holy Spirit, guide us to see the places where we are called to love and serve.

All: Amen.

🎼 *Sing together.*

Go now, love each other.
Thanks be to God.
We will be your spirit;
we will be your peace.
Let us love each other.
Lead us to the feast.

© 1998, Tom Kendzia and Gary Daigle, Published by OCP Publications

La fe en el hogar

Enfoque en la fe

• La eucaristía nos cambia.

• El Espíritu Santo nos ayuda a cumplir nuestra misión.

• En la misa nos envían a amar y servir a los demás.

Enfoque del rito
Bendición para la misión

La celebración se centró en ser enviados para la misión. Fueron bendecidos por su catequista y enviados a evangelizar. Habla con los miembros de tu familia y hagan un ritual familiar de bendecirse unos a otros con la señal de la cruz en la frente cuando salen de casa por la mañana o en cualquier otro momento que les parezca apropiado.

Oración en familia

Ven, Espíritu Santo, enséñanos el camino y danos la fuerza para amar y servir a los demás. Amén.

Actúa

Compartan juntos Haz una lista de las maneras en que los miembros de tu familia se demuestran amor y cuidado mutuo. Luego, aporten ideas sobre otras maneras en que pudieran continuar demostrándose amor y cuidado. Sugiere una "semana de amor y servicio" en familia. Escribe los nombres de los miembros de tu familia en pedazos de papel por separado. Pide a cada uno que saque un papel. Invítalos a hacer una acción de "amor y servicio" para esa persona.

Actúen juntos Consigue un ejemplar del boletín o del periódico parroquial. Léanlo en familia y busquen actividades parroquiales de servicio y de trabajo comunitario. Escojan una actividad en la que puedan participar todos y llamen a la parroquia para ofrecerse. Después de realizar la actividad, conversen en familia sobre la experiencia y sobre cómo los hizo sentirse amar y servir a los demás.

Semana de amor y servicio

APRENDE en línea **www.osvcurriculum.com**
Visite nuestro sitio Web y encontrará lecturas semanales de la Sagrada Escritura y preguntas, recursos para la familia y otras actividades.

Faith Focus

- The Eucharist changes us.

- The Holy Spirit helps us to live out our mission.

- At Mass we are sent forth in peace to announce the good news.

Ritual Focus
Blessing for Mission

The celebration focused on being sent forth for mission. You were blessed by your catechist and sent forth. Talk with family members about doing a family ritual of blessing each other with the Sign of the Cross on the forehead when you leave the house in the morning or at other times you decide would be appropriate.

Family Prayer

Come Holy Spirit, show us the way and give us the strength to love and serve others. Amen.

Act

Share Together   Make a list of ways members of your family show love and care for each other. Then brainstorm together other ways the family might continue to show love and care. Suggest a family "love and serve" week. Write the names of family members on a slip of paper. Have each member draw a name. Invite family members to do some "love and serve" actions for that person.

Do Together Obtain copies of the parish bulletin or newsletter. With your family, go through it and locate parish activities of service and outreach. Choose one that the whole family can get involved in, and call the parish to volunteer. After volunteering, hold a family discussion about the experience and how it felt to love and serve others.

Love and Serve Week

GO online **www.osvcurriculum.com**
Visit our website for weekly scripture readings and questions, family resources, and more activities.

Recursos católicos

Palabras de fe

A

acomodador Persona de la recepción que recibe a los miembros de la asamblea que concurren a la misa y ayuda a dirigir las procesiones y las colectas. A veces se le llama ujier.

altar La mesa de la eucaristía. En el altar se celebra la Liturgia eucarística.

ambón Atril desde donde se proclama la Sagrada Escritura. A veces se le llama facistol.

asamblea La comunidad bautizada que se reúne para celebrar la eucaristía, los sacramentos u otra liturgia.

B

bautismo Uno de los tres sacramentos de la iniciación. El bautismo nos da vida nueva en Dios y nos hace miembros de la Iglesia.

bendición Acto de palabras y de gestos para pedirle a Dios que nos muestre su bondad.

Biblia La Palabra de Dios escrita con palabras humanas. La Biblia es el libro sagrado de la Iglesia.

C

cáliz La copa especial de plata o de oro que se usa en la misa para colocar el vino que se transforma en la Sangre de Cristo.

cantor El líder de los cantos durante la misa y demás celebraciones de la Iglesia.

cirio pascual Otro nombre para designar la vela que se enciende en la Vigilia Pascual.

colecta Las ofrendas de dinero recolectadas de los miembros de la asamblea y presentadas durante el momento de la preparación del altar.

confirmación Uno de los tres sacramentos de la iniciación. Es el sacramento que fortalece la vida de Dios que recibimos en el bautismo y nos sella con el don del Espíritu Santo.

conmemorativa Otra palabra para decir recordatoria. En la misa, significa recordar y proclamar las obras de Dios.

consagración La parte de la plegaria eucarística en que, a través de las oraciones y las acciones del sacerdote y del poder del Espíritu Santo, los dones del pan y del vino se convierten en el Cuerpo y la Sangre de Jesús.

copón El recipiente especial de plata o de oro usado en la misa para colocar las hostias pequeñas consagradas para la comunión. Un copón tapado contiene también el Santísimo Sacramento en el tabernáculo.

Cordero de Dios Título dado a Jesús, que nos recuerda que Él ofreció su vida a través del sufrimiento y de la muerte para quitarnos los pecados.

crisma El aceite bendecido por el obispo que se usa en los sacramentos del bautismo, la confirmación y la orden.

cristianos Nombre dado a los que se bautizan y siguen a Jesús.

Cuerpo de Cristo Nombre para designar a la Iglesia. Indica que Cristo es la cabeza y los bautizados son los miembros del cuerpo.

diácono Hombre que está ordenado para servir a la Iglesia. Los diáconos pueden bautizar, proclamar el Evangelio, predicar, asistir al sacerdote en la misa, ser testigos de casamiento y hacer obras de caridad.

eucaristía Uno de los tres sacramentos de la iniciación. Es el sacramento del Cuerpo y la Sangre de Cristo. En la eucaristía, Jesús está verdadera y realmente presente. La palabra *eucaristía* significa "acción de gracias".

evangeliario Libro ornamentado que contiene las lecturas de los cuatro evangelios para la Liturgia de la Palabra.

gracia Participación en la misma vida de Dios.

hostia Trozo redondo de pan sin levadura usado en la misa. Cuando se consagra la hostia en la misa, se convierte en el Cuerpo y la Sangre de Cristo.

Iglesia La comunidad de todas las personas bautizadas que creen en Dios y siguen a Jesús.

incienso Aceites y especias que se queman en las celebraciones litúrgicas para mostrar respeto por las cosas sagradas. También se usa como señal de que nuestras oraciones se elevan a Dios.

leccionario El libro de las lecturas de la Sagrada Escritura usado en la misa.

lector Persona que proclama la Palabra de Dios en la misa u otras celebraciones litúrgicas.

Liturgia de la Palabra La primera parte principal de la misa. Es el momento en que escuchamos la Palabra de Dios de la Sagrada Escritura.

Liturgia eucarística La segunda parte principal de la misa. Es el momento en que convocamos al Espíritu Santo y el sacerdote consagra el pan y el vino. Recordamos y damos gracias por todos los dones de Dios, especialmente la vida, la muerte y la Resurrección de Jesús.

misa Otro nombre dado a la eucaristía.

misal romano El libro que contiene el ordinario de la misa, las celebraciones especiales del año y varias de las oraciones que dice el sacerdote en la misa.

misión Tarea o función que se manda a cumplir a una persona y de la cual es responsable. La misión de la Iglesia es anunciar la Buena Nueva del Reino de Dios.

misterio Algo que creemos acerca de Dios y de sus acciones, pero que no entendemos cómo sucede.

monaguillo Persona que ayuda al sacerdote y al diácono en la misa. A veces se le llama acólito.

oración Hablar con Dios y escucharlo. Es elevar nuestra mente y nuestro corazón a Dios.

patena La bandeja o el plato de plata o de oro que se usa en la misa para colocar la hostia grande.

pecado original Primer pecado que cometieron los primeros humanos.

Pentecostés La fiesta que celebra la venida del Espíritu Santo sobre los Apóstoles y los discípulos cincuenta días después de la Pascua. Celebramos este día como el comienzo de la Iglesia.

pila bautismal Recipiente con forma de cuenco o pileta de agua que se usa para el bautismo. La palabra *pila* significa "fuente".

preparación del altar y de los dones La parte de la misa en que se prepara el altar, y los miembros de la asamblea le llevan al sacerdote el pan y el vino que se convertirán en el Cuerpo y la Sangre de Jesús.

procesión Grupo de personas que se trasladan ordenadamente de un lugar a otro como parte de una celebración.

pueblo de Dios Nombre dado a la Iglesia, que nos indica que Cristo nos envía a predicar el amor de Dios a todas las personas.

sacerdote Hombre que se ha ordenado para servir a Dios y guiar a la Iglesia mediante la celebración de los sacramentos y de la misa, la predicación durante la misa y la realización de otras obras espirituales.

sacramento Un signo eficaz que proviene de Jesús y que nos da una participación en la vida de Dios.

sacramentos de la iniciación Los tres sacramentos del bautismo, la confirmación y la sagrada eucaristía que juntos nos hacen miembros plenos de la Iglesia. Son signos de que pertenecemos a Dios y a la Iglesia católica.

santa Comunión El Cuerpo y la Sangre de Cristo que recibimos en la eucaristía.

Santísima Trinidad Las tres Personas en un Dios: Dios Padre, Dios Hijo y Dios Espíritu Santo.

Santísimo Sacramento Otro nombre dado al Cuerpo y a la Sangre de Jesús.

santuario   La parte de la iglesia donde están ubicados el altar y el ambón. La palabra *santuario* significa "lugar sagrado".

señal de paz   La señal de paz es una oración de acción que intercambiamos antes de la comunión para desearle la paz de Dios a quienes la reciben. Indica que somos uno en el amor de Cristo.

tabernáculo   Lugar donde se guarda el Santísimo Sacramento. Puede estar ubicado en el santuario o en una capilla especial de la iglesia. Cerca del tabernáculo se mantiene encendida una lámpara o una vela como señal de que Jesús está presente. La palabra *tabernáculo* significa "lugar de encuentro". A veces se le llama "sagrario".

unidad   Palabra que significa ser uno con los demás.

vestiduras   La ropa especial que usan el sacerdote y algunas de las otras personas para la misa y las demás celebraciones litúrgicas.

vinajeras   Jarritas o pequeños recipientes que contienen el agua y el vino que se usan en la misa.

yo confieso   Oración de arrepentimiento por los pecados cometidos. En ella, cada persona le dice a Dios y a la familia de la Iglesia: "Perdónenme". Pedimos perdón.

Catholic Source Book

Words of Faith

Agnus Dei (Lamb of God) A title for Jesus that reminds us that he offered his life through suffering and death to take away our sins.

altar The table of the Eucharist. The Liturgy of the Eucharist is celebrated at the altar.

altar server A person who helps the priest and deacon at Mass.

ambo The reading stand from which the Scriptures are proclaimed. It is sometimes called the lectern.

assembly The baptized community gathered to celebrate the Eucharist, the sacraments, or other liturgy.

Baptism One of the three Sacraments of Initiation. Baptism gives us new life in God and makes us members of the Church.

baptismal font A bowl-shaped container or pool of water used for Baptism. The word *font* means "fountain."

Bible God's word written in human words. The Bible is the holy book of the Church.

Blessed Sacrament Another name for the Body and Blood of Jesus.

blessing An action using words and gestures which asks God to show his kindness to us.

Body of Christ A name for the Church. It tells us that Christ is the head and the baptized are the members of the body.

 **Book of the Gospels** A decorated book containing the readings from the four Gospels used during the Liturgy of the Word.

cantor The leader of song during the Mass and other Church celebrations.

 chalice The special silver or gold cup used at Mass to hold the wine that becomes the Blood of Christ.

chrism The oil blessed by the bishop used in the Sacraments of Baptism, Confirmation, and Holy Orders.

Christian The name given to people who are baptized and follow Jesus.

Church The community of all baptized people who believe in God and follow Jesus.

 ciborium The special silver or gold container used at Mass to hold the smaller consecrated Hosts for communion. A covered ciborium also holds the Blessed Sacrament in the tabernacle.

collection The gifts of money collected from members of the assembly and presented during the time of the Presentation and Preparation of the Gifts.

 **Confirmation** One of the three Sacraments of Initiation. It is the sacrament that strengthens the life of God we received at Baptism and seals us with the gift of the Holy Spirit.

Confiteor A prayer of sorrow for sin. In it each person tells God and the Church family, "I am sorry." We ask for forgiveness.

consecration   The part of the Eucharistic Prayer when, through the prayers and actions of the priest and the power of the Holy Spirit, the gifts of bread and wine become the Body and Blood of Jesus.

cruets Small pitchers or containers that hold the water and wine used at Mass.

deacon A man who is ordained to serve the Church. Deacons may baptize, proclaim the Gospel, preach, assist the priest at Mass, witness marriages, and do works of charity.

Eucharist One of the three Sacraments of Initiation. It is the sacrament of the Body and Blood of Christ. Jesus is truly and really present in the Eucharist. The word *Eucharist* means "thanksgiving."

grace   A sharing in God's own life.

Holy Communion   The Body and Blood of Christ that we receive in the Eucharist.

Holy Trinity   The three Persons in one God: God the Father, God the Son, and God the Holy Spirit.

host   A round piece of unleavened bread used at Mass. When the host is consecrated at Mass, it becomes the Body and Blood of Christ.

incense   Oils and spices that are burned in liturgical celebrations to show honor for holy things. It is also used as a sign of our prayers rising to God.

Lamb of God (*Agnes Dei*) A title for Jesus that reminds us that he offered his life through suffering and death to take away our sins.

lectionary The book of scripture readings used at Mass.

lector A person who proclaims God's word at Mass or other liturgical celebrations. The word *lector* means "reader."

Liturgy of the Eucharist The second main part of the Mass. It is the time when we call on the Holy Spirit and the priest consecrates the bread and wine. We remember and give thanks for all of God's gifts, especially Jesus' life, death, and Resurrection.

Liturgy of the Word The first main part of the Mass. It is the time when we listen to God's word in the Scriptures.

Mass Another name for the Eucharist.

memorial Another word for remembering. In the Mass, it means to remember and proclaim God's works.

mission A job or duty someone is sent to do and takes responsibility for. The Church's mission is to announce the good news of God's Kingdom.

mystery Something we believe about God and his actions, but we do not understand how it happens.

Mystery of Faith This is the part of the Eucharistic Prayer that reflects upon the death, Resurrection, and Second Coming of Christ.

original sin The first sin committed by the first humans.

Paschal candle Another name for the Easter Candle that is lit at the Easter Vigil.

paten The silver or gold plate or dish used at Mass to hold the large Host.

Pentecost The feast that celebrates the coming of the Holy Spirit on the Apostles and disciples fifty days after Easter. We celebrate this day as the beginning of the Church.

People of God A name for the Church which tells us that we are sent by Christ to preach God's love to all people.

prayer Talking and listening to God. It is raising our minds and hearts to God.

preparation of the gifts The part of the Mass when the altar is prepared and members of the assembly bring the bread and wine, which will become the Body and Blood of Jesus, to the priest at the altar.

priest A man who is ordained to serve God and lead the Church by celebrating the sacraments, preaching and presiding at Mass, and performing other spiritual works.

procession A group of people moving forward as part of a celebration.

Roman Missal The book containing the Order of the Mass, special celebrations during the year, and various prayers used by the priest at Mass.

sacrament A holy sign that comes from Jesus, which gives us a share in God's life.

Sacraments of Initiation The three Sacraments of Baptism, Confirmation, and Holy Eucharist that together make us full members of the Church. They are signs that we belong to God and to the Catholic Church.

sanctuary The part of the church where the altar and ambo are located. The word *sanctuary* means "holy place."

Sign of Peace The Sign of Peace is an action prayer that we exchange before Communion as a sign to wish God's peace on those who receive it. It shows that we are one in Christ's love.

unity A word that means to be one with others.

usher A person of hospitality who welcomes members of the assembly to Mass and helps direct processions and collections.

tabernacle The container in which the Blessed Sacrament is kept. It may be located in the sanctuary or a special chapel in the church. A lamp or candle is kept burning near the tabernacle as a sign that Jesus is present. The word *tabernacle* means "meeting place."

vestments The special clothing worn by the priest and some others for Mass and other liturgical celebrations.

Ordinario de la misa

Cada domingo nos reunimos unidos como uno con todos los miembros de la Iglesia para alabar y dar gracias a Dios.

Ritos iniciales

Durante los ritos iniciales, nos preparamos para escuchar la Palabra de Dios y para celebrar la eucaristía.

Entrada

El sacerdote, el diácono y los otros ministros empiezan la procesión al altar. Nosotros nos ponemos de pie y cantamos. El saludo y nuestra respuesta indican que estamos reunidos como Iglesia.

Saludo al altar y al pueblo

Cuando la procesión llega al altar, el sacerdote, el diácono y los otros ministros hacen una profunda inclinación. El sacerdote y el diácono, además, besan el altar como señal de reverencia. En momentos especiales, el sacerdote quemará incienso frente a la cruz y al altar. El sacerdote se dirige a su silla y nos guía con la señal de la cruz y el saludo.

Sacerdote:	En el nombre del Padre, y del Hijo y del Espíritu Santo.
Pueblo:	Amén.
Sacerdote:	La gracia y la paz de Dios, nuestro Padre, y de Jesucristo, el Señor, estén con todos vosotros.
Pueblo:	Y con tu espíritu.

Rito de aspersión del agua bendita

Algunos domingos, el sacerdote hace el rito de aspersión en lugar del rito penitencial. Somos bendecidos con agua bendita para recordarnos nuestro bautismo.

Acto penitencial

El sacerdote invita a la asamblea a confesar junta sus pecados.

Order of Mass

Every Sunday we gather together united as one with all the members of the Church to give praise and thanks to God.

Introductory Rites

During the Introductory Rites, we prepare to listen to God's word and prepare to celebrate the Eucharist.

Entrance Chant

The priest, deacon, and other ministers begin the procession to the altar. We stand and sing. The Greeting and our response shows that we are gathered together as the Church.

Greeting

When the procession reaches the altar, the priest, deacon, and other ministers make a profound bow. The priest and deacon also kiss the altar as a sign of reverence. At special times the priest will burn incense at the cross and altar. The priest goes to his chair and leads us in the Sign of the Cross and Greeting.

Priest: In the name of the Father, and of the Son, and of the Holy Spirit.

People: Amen.

Priest: The grace of our Lord Jesus Christ, and the love of God, and the communion of the Holy Spirit be with you all.

People: And with your spirit.

Rite for the Blessing and Sprinkling of Water

On some Sundays, the priest does a Rite of Sprinkling in place of the Penitential Act. We are blessed with holy water to remind us of our Baptism.

Penitential Act

The priest invites the assembly to confess our sins together.

Yo confieso

Yo confieso ante Dios todopoderoso y ante vosotros, hermanos, que he pecado mucho de pensamiento, palabra, obra y omisión.

Por mi culpa, por mi culpa, por mi gran culpa.

Por eso ruego a Santa María, siempre Virgen, a los ángeles, a los santos y a vosotros, hermanos, que intercedáis por mí ante Dios, nuestro Señor.

Señor, ten piedad

Sacerdote: Señor, ten piedad.

Pueblo: Señor, ten piedad.

Sacerdote: Cristo, ten piedad.

Pueblo: Cristo, ten piedad.

Sacerdote: Señor, ten piedad.

Pueblo: Señor, ten piedad.

Sacerdote: Dios todopoderoso, tenga misericordia de nosotros, perdone nuestros pecados y nos lleve a la vida eterna.

Pueblo: Amén.

Gloria

Algunos domingos alabamos a Dios Padre, a Dios Hijo y a Dios Espíritu Santo.

Gloria a Dios en el cielo,
y en la tierra paz a los hombres
que ama el Señor.
Por tu inmensa gloria
te alabamos, te bendecimos,
te adoramos, te glorificamos,
te damos gracias,
Señor Dios, Rey celestial,
Dios Padre todopoderoso.
Señor, Hijo único, Jesucristo.
Señor Dios, Cordero de Dios,
Hijo del Padre;
tú que quitas el pecado del mundo,
ten piedad de nosotros;
tú que quitas el pecado del mundo,
atiende nuestra súplica;
tú que estás sentado a la derecha del
Padre,
ten piedad de nosotros;
porque sólo tú eres Santo,
sólo tú Señor,
sólo tú Altísimo, Jesucristo,
con el Espíritu Santo
en la gloria de Dios Padre. Amén.

Confiteor

I confess to almighty God
and to you, my brothers and sisters,
that I have greatly sinned,
in my thoughts and in my words,
in what I have done and in what I
have failed to do,

Gently strike your chest with a closed fist.

through my fault, through my
  fault,
through my most grievous fault;

Continue:

therefore I ask blessed Mary ever-Virgin,
all the Angels and Saints,
and you, my brothers and sisters,
to pray for me to the Lord our God.

Kyrie, eleison (Lord, have mercy)

Priest: You were sent to heal the
contrite of heart:
Lord, have mercy. Or: Kyrie, eleison.
People: Lord, have mercy. Or: Kyrie,
  eleison.
Priest: You came to call sinners:
Christ, have mercy. Or: Christe, eleison.
People: Christ, have mercy. Or:
  Christe, eleison.
Priest: You are seated at the right hand
  of the Father to intercede for us:
  Lord, have mercy. Or: Kyrie,
  eleison.
People: Lord, have mercy. Or: Kyrie,
  eleison

Gloria

On some Sundays, we praise God the Father, the
Son, and the Holy Spirit.

Glory to God in the highest,
and on earth peace to people of good will.
We praise you,
we bless you,
we adore you,
we glorify you,
we give you thanks for your great glory,
Lord God, heavenly King,
O God, almighty Father.

Lord Jesus Christ, Only Begotten Son,
Lord God, Lamb of God, Son of the Father,
you take away the sins of the world,
    have mercy on us;
you take away the sins of the world,
    receive our prayer;
you are seated at the right hand of the
    Father,
    have mercy on us.

For you alone are the Holy One,
you alone are the Lord,
you alone are the Most High,
Jesus Christ,
with the Holy Spirit,
in the glory of God the Father.
Amen.

Colecta

El sacerdote nos invita a orar. Nos quedamos un momento en silencio y recordamos que estamos en presencia de Dios. Pensamos en aquello por lo que queremos orar.

Sacerdote: Oremos…
Pueblo: Amén.

Liturgia de la Palabra

La Liturgia de la Palabra se celebra en todas las misas. Escuchamos la Palabra de Dios en las lecturas y en la homilía y respondemos a la Palabra de Dios con el credo y con la oración de los fieles. Los lectores y el sacerdote o el diácono leen las lecturas desde el ambón.

Primera lectura

Nos sentamos y escuchamos la Palabra de Dios del Antiguo Testamento o de los Hechos de los Apóstoles. Al final de la lectura respondemos:

Lector: Palabra de Dios.
Pueblo: Te alabamos, Señor.

Salmo responsorial

Al final de la primera lectura, el cantor nos guía en el canto de un salmo del Antiguo Testamento.

Pueblo: Canta o dice el estribillo.

Segunda lectura

Escuchamos la Palabra de Dios de los libros del Nuevo Testamento que no son evangelios. Al final de la lectura respondemos:

Lector: Palabra de Dios.
Pueblo: Te alabamos, Señor.

Collect

The priest invites us to pray. We are silent for a moment and remember we are in God's presence. We think about what we want to pray for.

Priest: Let us pray…
People: Amen.

Liturgy of the Word

The Liturgy of the Word is celebrated at every Mass. We listen to God's word in the Readings and Homily, and we respond to God's word in the Creed and Prayer of the Faithful. The lectors and the priest or deacon read the readings from the ambo.

First Reading

We sit and listen to God's word from the Old Testament or the Acts of the Apostles. At the end of the reading, we respond:

Reader: The word of the Lord.
People: Thanks be to God.

Responsorial Psalm

At the end of the first reading, the cantor, or song leader, leads us in singing a psalm from the Old Testament.

People: Sing or say the refrain.

Second Reading

We listen to God's word from the New Testament books that are not Gospels. At the end of the reading, we respond:

Reader: The word of the Lord.
People: Thanks be to God.

Aclamación antes del Evangelio

Nos ponemos de pie y recibimos al Señor, que nos habla en la lectura del Evangelio. Cantamos un Aleluya u otra aclamación para profesar nuestra fe en presencia de Dios.

Pueblo: Canta o dice el Aleluya o la aclamación al Evangelio.

Evangelio

**Sacerdote
o diácono:** El Señor esté con vosotros.

Pueblo: Y con tu espíritu.

**Sacerdote
o diácono:** Lectura del santo Evangelio según san...

Pueblo: Gloria a ti, Señor.

El sacerdote y el pueblo se hacen la señal de la cruz en la frente, los labios y el corazón.

Al final del Evangelio respondemos:

**Sacerdote
o diácono:** Palabra del Señor.

Pueblo: Gloria a ti, Señor Jesucristo.

Homilía

Nos sentamos y escuchamos. El sacerdote o el diácono nos ayuda a comprender la Palabra de Dios. Nos enseña cómo podemos vivir como discípulos de Jesús.

Profesión de fe

Nos ponemos de pie y respondemos a las lecturas diciendo el credo. Profesamos nuestra fe en Dios Padre, Dios Hijo y Dios Espíritu Santo. Rezamos el credo niceno–constantinopolitano o el credo de los Apóstoles.

(Busca el credo niceno–constantinopolitano en la página 340 y el credo de los Apóstoles en la página 360.)

Gospel Acclamation

We stand and welcome the Lord, who speaks to us in the Gospel reading. We sing an Alleluia or another acclamation to profess our faith in God's presence.

> **People:** Sing or say the Alleluia or Gospel Acclamation.

Gospel Dialogue

> **Priest or deacon:** The Lord be with you.
>
> **People:** And with your spirit.
>
> **Priest or deacon:** A reading from the holy Gospel according to…
>
> **People:** Glory to you, O Lord.

The priest and people make the Sign of the Cross on the forehead, lips, and heart.

Gospel Reading

At the end of the Gospel, we respond:

> **Priest or deacon:** The Gospel of the Lord.
>
> **People:** Praise to you, Lord Jesus Christ.

Homily

We sit and listen. The priest or deacon helps us understand the word of God. He shows us how we can live as Jesus' disciples.

Profession of Faith

We stand and respond to the readings by saying the Creed. We profess our faith in God the Father, God the Son, and God the Holy Spirit. We pray the Nicene Creed or the Apostles' Creed.

(For Nicene Creed, see page 341. For Apostles' Creed, see page 361.)

Credo niceno–constantinopolitano

Pueblo:

Creo en un solo Dios,
   Padre todopoderoso, Creador del
   cielo y de la tierra,
   de todo lo visible y lo invisible.
Creo en un solo Señor, Jesucristo,
   Hijo único de Dios,
   nacido del Padre antes de todos
   los siglos:
   Dios de Dios, Luz de Luz,
   Dios verdadero de Dios verdadero,
   engendrado, no creado,
   de la misma naturaleza del Padre,
   por quien todo fue hecho;
   que por nosotros, los hombres,
   y por nuestra salvación bajó del
   cielo,
   y por obra del Espíritu Santo
   se encarnó de María, la Virgen,
   y se hizo hombre;
   y por nuestra causa fue
   crucificado
   en tiempos de Poncio Pilato,
   padeció y fue sepultado,

y resucitó al tercer día, según las
   Escrituras,
   y subió al cielo, y está sentado a
   la derecha del Padre;
   y de nuevo vendrá con gloria
   para juzgar a vivos y muertos,
   y su reino no tendrá fin.
Creo en el Espíritu Santo, Señor
   y dador de vida,
   que procede del Padre y del Hijo,
   que con el Padre y el Hijo,
   recibe una misma adoración y
   gloria,
   y que habló por los profetas.
Creo en la Iglesia,
   que es una, santa, católica y
   apostólica.
Confieso que hay un solo bautismo
   para el perdón de los pecados.
Espero la resurrección de los
   muertos
   y la vida del mundo futuro.
Amén.

Nicene Creed

People: I believe in one God,
the Father almighty,
maker of heaven and earth,
of all things visible and invisible.
I believe in one Lord Jesus Christ,
the Only Begotten Son of God,
born of the Father before all ages.
God from God, Light from Light,
true God from true God,
begotten, not made,
consubstantial with the Father;
through him all things
were made.
For us men and for our salvation
he came down from heaven,

*At the words that follow up to and including
and became man, all bow.*

and by the Holy Spirit was incarnate
of the Virgin Mary,
and became man.
For our sake he was crucified
under Pontius Pilate,
he suffered death and was buried,

and rose again on the third day
in accordance with the Scriptures.
He ascended into heaven and is
seated at the right hand of
the Father.
He will come again in glory
to judge the living and the dead
and his kingdom will have no end.
I believe in the Holy Spirit,
the Lord, the giver of life,
who proceeds from the Father
and the Son,
who with the Father and the Son is
adored and glorified,
who has spoken through the
prophets.
I believe in one, holy, catholic and
apostolic Church.
I confess one Baptism for the
forgiveness of sins
and I look forward to the
resurrection of the dead
and the life of the world to come.
Amen.

Oración de los fieles

Nos ponemos de pie y el sacerdote, el diácono o un laico nos guía en nuestros ruegos por las necesidades de la Iglesia, del mundo, de los que necesitan nuestras oraciones y de nuestra comunidad local. Decimos o cantamos la respuesta que el líder nos indica.

Liturgia eucarística

Durante la Liturgia eucarística, llevamos nuestros dones del pan y el vino al altar. Le damos gracias a Dios Padre por todas las maneras en que nos ha salvado. Nuestros dones del pan y el vino se convierten en el Cuerpo y la Sangre de Cristo. Todos recibimos el Cuerpo y la Sangre del Señor en la comunión.

Preparación de los dones

Tomamos asiento mientras se llevan los dones del pan y el vino al altar. Se prepara el altar y se recoge la colecta. A veces cantamos durante la preparación.

El sacerdote levanta el pan y ora:

Sacerdote: Bendito seas, Señor, Dios del universo, por este pan, fruto de la tierra y del trabajo del hombre, que recibimos de tu generosidad y ahora te presentamos; él será para nosotros pan de vida.

Pueblo: Bendito seas por siempre, Señor.

El sacerdote levanta el cáliz con el vino y ora:

Sacerdote: Bendito seas, Señor, Dios del universo, por este vino, fruto de la vid y del trabajo del hombre, que recibimos de tu generosidad y ahora te presentamos; él será para nosotros bebida de salvación.

Pueblo: Bendito seas por siempre, Señor.

El sacerdote nos llama a orar.

Sacerdote: Orad, hermanos, para que este sacrificio, mío y vuestro, sea agradable a Dios, Padre todopoderoso.

Pueblo: El Señor reciba de tus manos este sacrificio, para alabanza y gloria de su nombre, para nuestro bien y el de toda su santa Iglesia.

Prayer of the Faithful

We stand and the priest, deacon, or a layperson leads us in praying for the needs of the Church, the world, those who need our prayers, and our local community. We say or sing the response that the leader tells us to say or sing.

Liturgy of the Eucharist

During the Liturgy of the Eucharist, we bring our gifts of bread and wine to the altar. We give thanks to God the Father for all the ways he has saved us. Our gifts of bread and wine become the Body and Blood of Christ. We all receive the Lord's Body and the Lord's Blood in communion.

Preparation of the Gifts

We sit as the gifts of bread and wine are brought to the altar. The altar is prepared as the collection is taken up. Sometimes we sing a song during the preparation.

The priest lifts up the bread and prays:

Priest: Blessed are you, Lord God of all creation,
for through your goodness we have received the bread we offer you:
fruit of the earth and work of human hands, it will become for us the bread of life.

People: Blessed be God for ever.

The priest lifts up the chalice of wine and prays:

Priest: Blessed are you, Lord God of all creation, for through your goodness we have received the wine we offer you:
fruit of the vine and work of human hands it will become our spiritual drink.

People: Blessed be God for ever.

Invitation to Prayer

The priest calls us to pray:

Priest: Pray, brethren (brothers and sisters), that my sacrifice and yours may be acceptable to God, the almighty Father.

The people rise and reply:

People: May the Lord accept the sacrifice at your hands for the praise and glory of his name, for our good and the good of all his holy Church.

Oración sobre las ofrendas

Nos ponemos de pie y oramos con el sacerdote. Nos preparamos para la plegaria eucarística.

Pueblo: Amén.

Plegaria eucarística

Ésta es la oración central de la eucaristía. Es una oración de acción de gracias y santificación.

Prefacio

El sacerdote nos invita a orar. Decimos o cantamos el prefacio.

Sacerdote: El Señor esté con vosotros.

Pueblo: Y con tu espíritu.

Sacerdote: Levantemos el corazón.

Pueblo: Lo tenemos levantado hacia el Señor.

Sacerdote: Demos gracias al Señor, nuestro Dios.

Pueblo: Es justo y necesario.

Aclamación

Junto con el sacerdote, decimos o cantamos:

Santo, Santo, Santo es el Señor, Dios del Universo.

Llenos están el cielo y la tierra de tu gloria.

Hosanna en el cielo.

Bendito el que viene en nombre del Señor.

Hosanna en el cielo.

El sacerdote procede a rezar la plegaria eucarística. Durante la plegaria eucarística, el sacerdote cuenta el relato de todas las acciones salvadoras de Dios.

Consagración

El sacerdote toma el pan y dice las palabras de Jesús:

Tomad y comed todos de él, porque esto es mi Cuerpo, que será entregado por vosotros.

El sacerdote levanta el pan consagrado, la hostia, que ahora es el Cuerpo de Cristo.

Prayer over the Offerings

We stand and pray with the priest. We prepare for the Eucharistic Prayer.

> **People:** Amen.

Eucharistic Prayer

This is the central prayer of the Eucharist. It is a prayer of thanksgiving and making holy.

Preface Dialogue

The priest invites us to pray. We say or sing the preface.

> **Priest:** The Lord be with you.
> **People:** And with your spirit.
> **Priest:** Lift up your hearts.
> **People:** We lift them up to the Lord.
> **Priest:** Let us give thanks to the Lord our God.
> **People:** It is right and just.

Preface

The priest, with hands extended, continues the preface.

Preface Acclamation

Together with the priest, we say or sing:

> Holy, Holy, Holy Lord God of hosts,
> Heaven and earth are full of your glory.
> Hosanna in the highest.
> Blessed is he who comes in the name
>   of the Lord.
> Hosanna in the highest.

The priest continues to pray the Eucharistic prayer. During the Eucharistic prayer the priest tells the story of all of God's saving actions.

Consecration

The priest takes the bread and says the words of Jesus:

> TAKE THIS, ALL OF YOU, AND EAT OF IT,
> FOR THIS IS MY BODY,
> WHICH WILL BE GIVEN UP FOR YOU.

The priest holds up the consecrated bread, the Host, which is now the Body of Christ.

Luego el sacerdote toma el cáliz, la copa de vino, y dice las palabras de Jesús:

Tomad y bebed todos de él, porque éste es el cáliz de mi Sangre,

Sangre de la alianza nueva y eterna,

que será derramada por vosotros y por todos los hombres

para el perdón de los pecados.

Haced esto en conmemoración mía.

El pan y el vino se convierten en el Cuerpo y la Sangre de Jesús por el poder del Espíritu Santo y las palabras y las acciones del sacerdote. Jesús está verdaderamente presente bajo la apariencia del pan y el vino. Proclamamos nuestra fe en Jesús.

Aclamación conmemorativa

Sacerdote o diácono: Éste es el sacramento de nuestra fe.

Pueblo: Anunciamos tu muerte, proclamamos tu Resurrección. ¡Ven, Señor Jesús!

El sacerdote continúa la plegaria eucarística. Ruega por toda la Iglesia, por los vivos y por los muertos. Termina la plegaria cantando o diciendo en voz alta:

Sacerdote: Por Cristo, con Él y en Él, a ti, Dios Padre omnipotente, en la unidad del Espíritu Santo, todo honor y toda gloria, por los siglos de los siglos.

Pueblo: Amén.

Then the priest takes the chalice, the cup of wine, and says the words of Jesus:

Take this, all of you, and drink from it,
for this is the chalice of my Blood,
the Blood of the new and eternal covenant,
which will be poured out for you and for many
for the forgiveness of sins.
Do this in memory of me.

The bread and wine become the Body and Blood of Jesus through the power of the Holy Spirit and the words and actions of the priest. Jesus is truly present under the appearances of bread and wine. We proclaim our faith in Jesus.

Mystery of Faith

Priest: Let us proclaim the mystery of faith.

People: We proclaim your Death, O Lord, and profess your Resurrection until you come again.

Concluding Doxology

The priest continues the Eucharistic Prayer. He prays for the whole Church, those who are living and those who are dead. He ends the prayer by singing or saying aloud:

Priest: Through him, and with him, and in him, O God, almighty Father in the unity of the Holy Spirit, all glory and honor is yours, for ever and ever.

People: Amen.

Rito de comunión

Nos ponemos de pie para rezar el padrenuestro.
Rogamos por nuestro pan de cada día. Rogamos
que nuestros pecados sean perdonados.

Padrenuestro

Pueblo: Padre nuestro, que estás en
el cielo, santificado sea tu
Nombre; venga a nosotros
tu reino; hágase tu voluntad
en la tierra como en el cielo.
Danos hoy nuestro pan de
cada día; perdona nuestras
ofensas, como también
nosotros perdonamos a los
que nos ofenden; no nos
dejes caer en la tentación y
líbranos del mal.

Sacerdote: Líbranos de todos los
males, Señor…

Pueblo: Tuyo es el reino, tuyo
el poder y la gloria, por
siempre, Señor.

Señal de la paz

El sacerdote o el diácono nos invita a compartir
la señal de la paz con los que tenemos cerca.
Oramos por la paz y porque la Iglesia y el mundo
sean uno.

Sacerdote: La paz del Señor esté siempre
con vosotros.

Pueblo: Y con tu espíritu.

Nos damos unos a otros la señal de la paz.

Communion Rite

We stand for the Lord's Prayer. We pray for our daily bread. We pray our sins will be forgiven.

The Lord's Prayer

People: Our Father, who art in heaven,
hallowed be thy name;
thy kingdom come,
thy will be done on earth as it is
in heaven.
Give us this day our daily bread;
and forgive us our trespasses,
as we forgive those who trespass
against us;
and lead us not into temptation,
But deliver us from evil.

Priest: Deliver us, Lord, we pray from
every evil…

People: For the kingdom, the power
and the glory are yours,
now and forever.

Sign of Peace

The priest or deacon invites us to share a Sign of Peace with those around us. We pray for peace and that the Church and the world will be united as one.

Priest: The peace of the Lord be with
you always.

People: And with your spirit.

We offer one another a sign of peace.

Fracción del pan

Así como Jesús partió el pan en la Última Cena y se lo dio a sus discípulos, el sacerdote parte el pan consagrado y coloca un trozo de él en el cáliz para indicar la unidad del Cuerpo y la Sangre de Jesús. Durante la fracción del pan, decimos o cantamos:

Pueblo: Cordero de Dios, que quitas el pecado del mundo, ten piedad de nosotros.
Cordero de Dios, que quitas el pecado del mundo, ten piedad de nosotros.
Cordero de Dios, que quitas el pecado del mundo, danos la paz.

Comunión

El sacerdote nos muestra el pan consagrado. Levanta la hostia y nos invita al banquete del Señor. Nosotros respondemos:

Pueblo: Señor, no soy digno de que entres en mi casa, pero una palabra tuya bastará para sanarme.

El sacerdote recibe la santa Comunión. Empezamos el canto de la comunión. Cuando llega el momento, avanzamos en procesión a recibir la santa Comunión. El ministro nos ofrece el pan consagrado, el Cuerpo de Cristo. Antes de recibirlo, inclinamos la cabeza como señal de reverencia.

Sacerdote o ministro extraordinario: El Cuerpo de Cristo.
Pueblo: Amén.

Lamb of God or Fraction of the Bread

Just as Jesus broke bread at the Last Supper and gave it to his disciples, the priest breaks the consecrated bread and puts a piece of it into the chalice to show the unity of Jesus' Body and Blood. During the breaking of the bread, we say or sing the Lamb of God (Agnes Dei):

People: Lamb of God, you take away the
sins of the world:
have mercy on us.
Lamb of God, you take away the
sins of the world:
have mercy on us.
Lamb of God, you take away the
sins of the world:
grant us peace.

Invitation to Communion

The priest shows us the consecrated bread. He holds the Host up and invites us to the banquet of the Lord. We respond:

People: Lord, I am not worthy that you
should enter under my roof, but
only say the word and my soul
shall be healed.

Communion

The priest receives Holy Communion. We sing the Communion hymn. When it is time, we walk in procession to receive Holy Communion. The minister offers us the consecrated bread, the Body of Christ. We bow our heads as a sign of reverence before receiving the Body of Christ.

**Priest or extraordinary
minister:** The Body of Christ.
People: Amen.

Recibimos el Cuerpo de Cristo en la mano o sobre la lengua. Con reverencia, masticamos y tragamos el pan consagrado.

Si vamos a recibir el vino consagrado, la Sangre de Cristo, el ministro nos ofrece la copa. Antes de recibir la Sangre de Cristo, inclinamos la cabeza como señal de reverencia.

Sacerdote o ministro extraordinario: La Sangre de Cristo.
Pueblo: Amén.

Regresamos a nuestro asiento y damos gracias por el maravilloso regalo de Jesús que hemos recibido en la comunión.

Cuando termina la entrega de la comunión, el sacerdote y el pueblo oran en silencio. En este momento se puede cantar un canto.

We receive the Body of Christ in our hand or on our tongue. We reverently chew and swallow the consecrated bread.

If we are receiving the consecrated wine, the Blood of Christ, the minister offers us the cup. We bow our head as a sign of reverence before receiving the Blood of Christ.

Priest or extraordinary minister: The Blood of Christ.

People: Amen.

We return to our seats and give thanks for the wonderful gift of Jesus we have received in Communion.

When the distribution of Communion is finished, the priest and people pray privately. A song may be sung at this time.

353

Oración después de la comunión

Nos ponemos de pie. El sacerdote nos invita a orar con él mientras le pide a Dios que nos ayude a vivir como el pueblo de Dios, el Cuerpo de Cristo.

Sacerdote: Oremos…

Pueblo: Amén.

Rito de conclusión

Nos ponemos de pie para el rito de conclusión. El sacerdote nos saluda, nos bendice en el nombre de la Santísima Trinidad y nos envía a vivir como discípulos de Jesús.

Saludo

Sacerdote: El Señor esté con vosotros.

Pueblo: Y con tu espíritu.

Bendición

Sacerdote: La bendición de Dios todopoderoso, Padre, Hijo y Espíritu Santo, descienda sobre vosotros.

Pueblo: Amén.

Despedida

Sacerdote: Podéis ir en paz.

Pueblo: Demos gracias a Dios.

Cantamos una alabanza. El sacerdote besa el altar como señal de reverencia. Él y los otros ministros se retiran en procesión.

Prayer After Communion

We stand. The priest invites us to pray with him as he asks God to help us live as God's People, the Body of Christ.

> **Priest:** Let us pray…
> **People:** Amen.

Concluding Rites

We stand for the Concluding Rites. The priest greets us, blesses us in the name of the Holy Trinity, and sends us forth to live as Jesus' disciples.

Greeting

> **Priest:** The Lord be with you.
> **People:** And with your spirit.

Blessing

> **Priest:** May Almighty God bless you in the name of the Father, the Son, and the Holy Spirit.
> **People:** Amen.

Dismissal

> **Priest:** Go forth, the Mass is ended.
> **People:** Thanks be to God.

We sing a hymn of praise. The priest kisses the altar as a sign of reverence. He and the other ministers leave in procession.

Santa Comunión

Reglas para recibir la santa Comunión

- Sólo los católicos bautizados pueden recibir la Comunión.

- Para recibir la santa Comunión, debemos estar en estado de gracia, libres de pecado mortal. Si hemos cometido un pecado mortal, antes de recibir la santa Comunión, debemos primero cumplir con el sacramento de la reconciliación y recibir la absolución. Si nos arrepentimos de nuestros pecados veniales, nos liberamos de ellos cuando recibimos la santa Comunión.

- Para honrar al Señor, ayunamos una hora antes del momento de recibir la Comunión. Es decir, concurrimos sin haber comido ni bebido, excepto agua o medicamentos.

- Los católicos están obligados a recibir la santa Comunión por lo menos una vez al año durante el tiempo de Pascua. No obstante, se nos alienta a recibirla todas las veces que participamos en la misa.

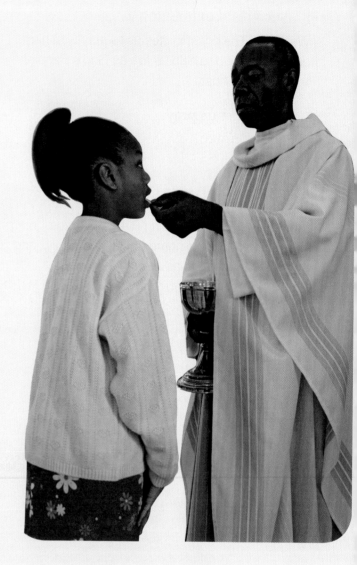

Holy Communion

Rules for Receiving Holy Communion

- Only baptized Catholics may receive Communion.

- To receive Holy Communion, we must be in the state of grace, free from mortal sin. If we have sinned mortally, we must first go to the Sacrament of Reconciliation and receive absolution before receiving Holy Communion. When we are sorry for our venial sins, receiving Holy Communion frees us from them.

- To honor the Lord, we fast for one hour before the time we receive Communion. This means we go without food or drink, except water or medicine.

- Catholics are required to receive Holy Communion at least once a year during Easter time. But we are encouraged to receive Communion every time we participate in the Mass.

Cómo recibir la Comunión

Cuando recibimos a Jesús en la santa Comunión, le damos la bienvenida mostrándole reverencia. Estos pasos pueden ayudarte.

- Junta las manos y únete al canto mientras esperas en la fila.

- Cuando te toca el turno, puedes recibir el Cuerpo de Cristo en la mano o sobre la lengua.

- Cuando te muestran la eucaristía, inclínate con una reverencia.

- Para recibir el Cuerpo de Cristo en la mano, sostén las manos con las palmas hacia arriba. Coloca una mano debajo de la otra y ahuécalas levemente.

- Para recibir la hostia en la lengua, junta las manos, abre la boca y saca la lengua.

- La persona que te ofrece la comunión dice: "El Cuerpo de Cristo". Y tú dices: "Amén". El sacerdote, el diácono o el ministro extraordinario de la santa Comunión te coloca la hostia en la mano o sobre la lengua. Hazte a un lado para masticar y tragar la hostia.

- Puedes escoger beber de la copa. Al ofrecerte la copa, la persona dirá: "La Sangre de Cristo". Y tú dices: "Amén". Toma un sorbo pequeño.

- Regresa a tu sitio en la iglesia. Reza en silencio con tus propias palabras. Dale gracias a Jesús por estar contigo.

How to Receive Communion

When we receive Jesus in Holy Communion, we welcome him by showing reverence. These steps can help you.

- Fold your hands, and join in the singing as you wait in line.

- When it is your turn, you can receive the Body of Christ in your hand or on your tongue.

- When you are shown the Eucharist, bow in reverence.

- To receive the Body of Christ in your hand, hold your hands out with the palms up. Place one hand underneath the other, and cup your hands slightly.

- To receive the Host on your tongue, fold your hands, open your mouth, and put your tongue out.

- The person who offers you Communion will say, "The Body of Christ." You say, "Amen." The priest, deacon, or extraordinary minister of Holy Communion places the Host in your hand or on your tongue. Step aside, and chew and swallow the host.

- You may choose to drink from the cup. When the cup is offered to you, the person will say, "The Blood of Christ." You say, "Amen." Take a small sip.

- Return to your place in church. Pray quietly in your own words. Thank Jesus for being with you.

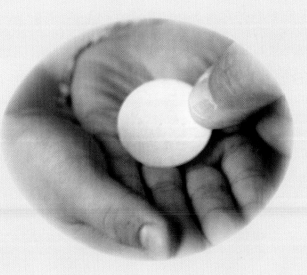

Oraciones católicas

Padrenuestro

Padre nuestro, que estás en el cielo,
santificado sea tu Nombre;
venga a nosotros tu reino;
hágase tu voluntad en la tierra como
  en el cielo.
Danos hoy nuestro pan de cada día;
perdona nuestras ofensas,
como también nosotros perdonamos
a los que nos ofenden;
no nos dejes caer en la tentación,
y líbranos del mal.
Amén.

Credo de los Apóstoles

Creo en Dios, Padre todopoderoso,
  Creador del cielo y de la tierra.
Creo en Jesucristo, su único Hijo,
  nuestro Señor,
  que fue concebido por obra y gracia
    del Espíritu Santo,
  nació de santa María Virgen,
  padeció bajo el poder de Poncio Pilato,
  fue crucificado, muerto y sepultado,
  descendió a los infiernos,
  al tercer día resucitó de entre los
    muertos,
  subió a los cielos
  y está sentado a la derecha de Dios,
    Padre todopoderoso.
  Desde allí ha de venir a juzgar a vivos y
    muertos.
Creo en el Espíritu Santo,
  la santa Iglesia católica,
  la comunión de los santos,
  el perdón de los pecados,
  la resurrección de la carne
  y la vida eterna.
Amén.

Catholic Prayers

The Lord's Prayer

Our Father, who art in heaven,
hallowed be thy name;
thy kingdom come,
thy will be done on earth as it is
  in heaven.
Give us this day our daily bread;
and forgive us our trespasses,
as we forgive those who trespass
  against us;
and lead us not into temptation,
but deliver us from evil.
Amen.

Apostles' Creed

I believe in God,
the Father almighty,
Creator of heaven and earth,
and in Jesus Christ, his only Son, our Lord,

At the words that follow, up to and including the
Virgin Mary, *all bow.*

who was conceived by the Holy Spirit,
born of the Virgin Mary,
suffered under Pontius Pilate,
was crucified, died and was buried;
he descended into hell;
on the third day he rose again from the
      dead;
he ascended into heaven,
and is seated at the right hand of God
      the Father almighty;
from there he will come to judge the living
      and the dead.
I believe in the Holy Spirit,
the holy catholic Church,
the communion of saints,
the forgiveness of sins,
the resurrection of the body,
and life everlasting. Amen.

Credo niceno-constantinopolitano

Creo en un solo Dios,
   Padre todopoderoso, Creador del
      cielo y de la tierra,
   de todo lo visible y lo invisible.
Creo en un solo Señor, Jesucristo,
   Hijo único de Dios,
   nacido del Padre antes de todos los siglos:
   Dios de Dios, Luz de Luz,
   Dios verdadero de Dios verdadero,
   engendrado, no creado,
   de la misma naturaleza del Padre,
   por quien todo fue hecho;
   que por nosotros, los hombres,
   y por nuestra salvación bajó del cielo,
   y por obra del Espíritu Santo
   se encarnó de María, la Virgen,
      y se hizo hombre;
   y por nuestra causa fue crucificado
   en tiempos de Poncio Pilato,
   padeció y fue sepultado,

y resucitó al tercer día, según las
      Escrituras,
   y subió al cielo, y está sentado a
      la derecha del Padre;
   y de nuevo vendrá con gloria
   para juzgar a vivos y muertos,
   y su reino no tendrá fin.
Creo en el Espíritu Santo, Señor
      y dador de vida,
   que procede del Padre y del Hijo,
   que con el Padre y el Hijo,
   recibe una misma adoración y
      gloria,
   y que habló por los profetas.
Creo en la Iglesia,
   que es una, santa, católica y
      apostólica.
Confieso que hay un solo bautismo
   para el perdón de los pecados.
Espero la resurrección de los muertos
   y la vida del mundo futuro.
Amén.

Nicene Creed

I believe in one God,
    the Father almighty,
    maker of heaven and earth,
    of all things visible and invisible.
I believe in one Lord Jesus Christ,
    the Only Begotten Son of God,
    born of the Father before all ages.
    God from God, Light from Light,
    true God from true God,
    begotten, not made,
        consubstantial with the Father;
    through him all things were made.
For us men and for our salvation
    he came down from heaven,

At the words that follow up to and including
and became man, *all bow.*

and by the Holy Spirit was incarnate
    of the Virgin Mary,
        and became man.
For our sake he was crucified under
    Pontius Pilate,
    he suffered death and was buried,
and rose again on the third day

in accordance with the Scriptures.
He ascended into heaven
    and is seated at the right hand of
    the Father.
He will come again in glory
    to judge the living and the dead
and his kingdom will have
    no end.
I believe in the Holy Spirit, the
    Lord, the giver of life,
    who proceeds from the Father
    and the Son.
who with the Father and the Son is
    adored and glorified.
who has spoken through the
    prophets.
I believe in one, holy,
    catholic and apostolic Church.
I confess one Baptism for
    the forgiveness of sins.
and I look forward to the resurrection of
    the dead, and the life of the world
    to come.
Amen.

Yo confieso

Yo confieso ante Dios todopoderoso
    y ante vosotros, hermanos,
    que he pecado mucho
    de pensamiento, palabra, obra y
        omisión.
Por mi culpa, por mi culpa, por mi gran
    culpa.
Por eso ruego a Santa María, siempre
Virgen,
    a los ángeles, a los santos
    y a vosotros, hermanos,
    que intercedáis por mí ante Dios,
    nuestro Señor.

Gloria

Gloria a Dios en el cielo,
    y en la tierra paz a los hombres
    que ama el Señor.
Por tu inmensa gloria
    te alabamos, te bendecimos,
    te adoramos, te glorificamos,
    te damos gracias,
    Señor Dios, Rey celestial,
    Dios Padre todopoderoso.
    Señor, Hijo único, Jesucristo.
Señor Dios, Cordero de Dios,
    Hijo del Padre;
    tú que quitas el pecado del mundo,
    ten piedad de nosotros;
    tú que quitas el pecado del mundo,
    atiende nuestra súplica;
    tú que estás sentado a la derecha del
        Padre,
    ten piedad de nosotros;
    porque sólo tú eres Santo,
    sólo tú Señor,
    sólo tú Altísimo, Jesucristo,
    con el Espíritu Santo
    en la gloria de Dios Padre.
Amén.

Confiteor

I confess to Almighty God
and to you, my brothers and sisters,
that I have greatly sinned,
in my thoughts and in my words,
in what I have done and
in what I have failed to do,

Gently strike your chest with a closed fist.

through my fault, through my fault,
through my most grievous fault;

Continue:

therefore I ask blessed Mary ever-Virgin,
all the Angels and Saints,
and you, my brothers and sisters,
to pray for me to the Lord our God.

Gloria

Glory to God in the highest,
and on earth peace to people of good
    will.
We praise you,
we bless you,
we adore you,
we glorify you,
we give you thanks for your great glory,
Lord God, heavenly King,
O God, almighty Father.

Lord Jesus Christ, Only Begotten Son,
Lord God, Lamb of God, Son of the Father,
you take away the sins of the world,
    have mercy on us;
you take away the sins of the world,
    receive our prayer;
you are seated at the right hand of the
    Father,
    have mercy on us.

For you alone are the Holy One,
you alone are the Lord,
you alone are the Most High,
Jesus Christ,
with the Holy Spirit,
in the glory of God the Father.
Amen.

Avemaría

Dios te salve, María, llena eres de gracia;
el Señor es contigo;
bendita tú eres entre todas las mujeres,
y bendito es el fruto de tu vientre, Jesús.
Santa María, Madre de Dios,
ruega por nosotros pecadores,
ahora y en la hora de nuestra muerte.
Amén.

Oración al Espíritu Santo

Ven, Espíritu Santo, llena los corazones
de los fieles
y enciende en ellos el fuego de Tu amor.
Envía Tu Espíritu, y serán creados.
Y renovarás la faz de la tierra.

Bendición antes de las comidas

Bendícenos, Señor, y bendice estos
alimentos
que por tu bondad
vamos a tomar.
Por Jesucristo, nuestro Señor.
Amén.

Bendición después de las comidas

Te damos gracias, Señor, por todos
tus beneficios.
Tú, que vives y reinas por los siglos
de los siglos.
Amén.

Hail Mary

Hail, Mary, full of grace!
The Lord is with you!
Blessed are you among women,
and blessed is the fruit of your
    womb, Jesus.
Holy Mary, Mother of God,
pray for us sinners,
now and at the hour of our death.
Amen.

Come, Holy Spirit

Come, Holy Spirit, fill the hearts of your
    faithful
And kindle in them the fire of your love.
Send forth your Spirit and they shall be
    created.
And you shall renew the face of the
    earth.

Grace Before Meals

Bless us, O Lord, and these your gifts,
which we are about to receive
from your goodness.
Through Christ our Lord.
Amen.

Grace After Meals

We give you thanks for all your gifts,
almighty God,
living and reigning now and forever.
Amen.

Los números en negrita remiten a las páginas donde los términos se encuentran definidos en el *Libro del candidato*.

Boldfaced numbers refer to pages on which the terms are defined in the *Candidate's Book*.

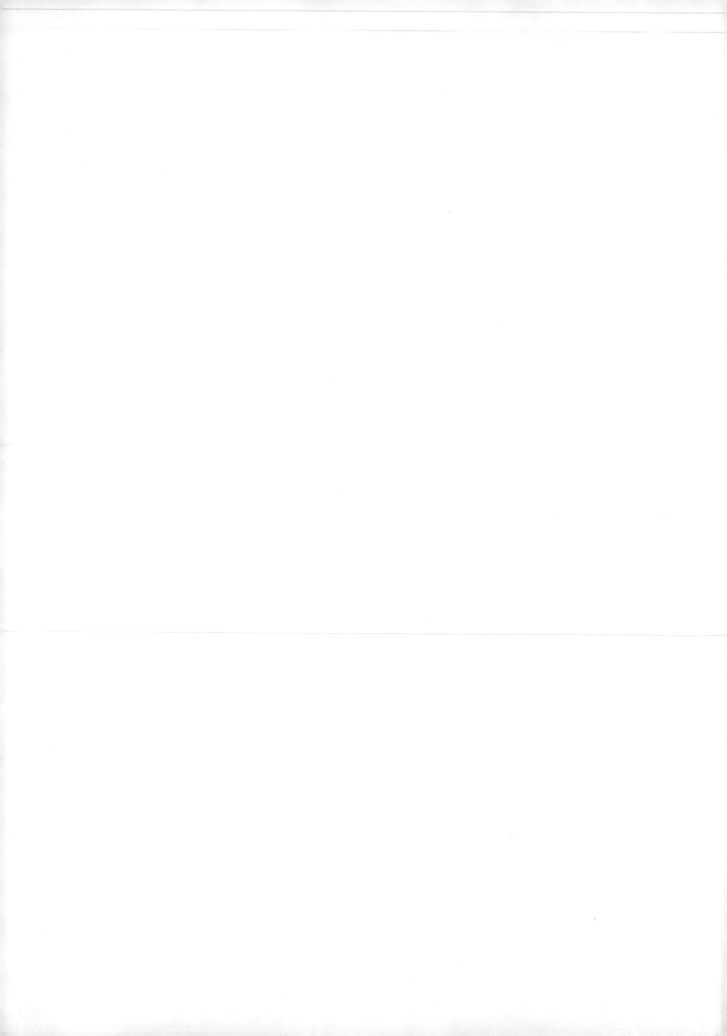